産経NF文庫
ノンフィクション

海運王 山下亀三郎

青山淳平

潮書房光人新社

文庫版のまえがき

ひと昔前のことだが、宇和島出身の方々と会食するひとときをもった。幕末から明治にかけて、宇和島はたくさんの偉人を輩出している。四賢侯のひとりの伊達宗城が召しかかえ、維新の立役者となった長州出身の大村益次郎、大津事件で名が知られる大審院院長の児島惟謙、大阪財界のリーダーで通天閣をつくった土居通夫、鉄道唱歌の大和田建樹や俳句の松根東洋城など、そうそうたる人物たちである。

座はお国自慢でにぎわったが、「山下亀三郎という大物がおるのに、知られていないないなあ」とみんなは首をかしげた。戦前、三井や三菱とならぶほどの海運会社を一代で築いた傑物である。評伝のひとつでもあってよいはずなのに、だれも書いていない。いろんな見方がでるなかで、軍部に協力した山下に、GHQが戦犯なみの評価を下したが故に、戦後の社会から忘れ去られてしまったのだ、ということに落ち着いた。しかしGHQはともあれ、山下亀三郎は近代日本の海運をになった巨魁である。昭和十四年、南京政府を樹立しようという国策に応え、山下はハノイに亡命していた汪兆銘を自社の貨物船「北光丸」で救出し上海へ運んでいる。十八年三月には東條英機内閣の顧問に就任し、戦時海運の振興につくしている。さらに日中戦争の最中、陸海軍に一千万円（現在の貨幣価値で二百億円超）もの大金を差し出し、外地へおもむく軍人と軍属の子弟のための教育施設をつくることを提案している。戦後社会においても、いまだあらわれることのない国士である。きっと伝え残すべきことが数多くある。そんな問題意識にかられて、私は取材をはじめた。東日本大震災の二年前のことである。

山下亀三郎は、近代日本の「資本主義の快男児」である。「人たらし」と呼ばれるほど、かれは近現代史に登場する人士たちに大事にされ、人間的な絆をつよめている。政商や船成金、あるいは軍部への協力者といったうすっぺらなレッテルとちがい、奥行きのある飄逸な人物であった。少しあげるだけでも、諭吉の婿養子で電力王とよばれた福沢桃介の薫陶をうけ、鈴木商店の金子直吉に事業を学び、「國民新聞」社主の徳富蘇峰と親交を深め、政界では伊藤博文に目をかけられ、山縣有朋や系列の軍部官僚と昵懇だった。また、秋山真之とは日露開戦前からの盟友である。

亀三郎の成功を支えたのは、洗練された文化や学識、あるいは近代社会を築いた合理的な精神や知性ではない。「どん亀」とよばれたこの田舎者のなかには、明日を信じ、「いまに見ておれ」と骨身を惜しまず働く日本人の勤勉性と、礼節や調和を重んじる徳目をみることができる。さらにいえば、陽光あふれる南国宇和島の風土のぬくもりが育てた楽天的でおおらかな気性がだれからも愛されたからであろう。先日、石原慎太郎さんの逝去に際し、櫻井よしこさんは「怒れる快男児」と最高の賛辞をこめた惜別の言葉をおくっている。ご存じの方も多いと思うが、慎太郎さんの父君の潔氏は、山下亀三郎と同郷で山下汽船の幹部として亀三郎の膝下で謦咳に接している。そんなことから、宇和島は時代の快男児をうみだすところなのか、と思ったりした。

東日本大震災のころからだろうか。いろいろな分野で国力の衰退が懸念されるようになった。くわえて二年以上もつづくコロナ禍で閉塞感は強まり、明日への展望がひらけない日々がつづいている。この令和の時代、「新しい資本主義」をつくりだす快男児の登場が待たれている。本書が些かなりとも読者の皆様にそのような期待と、元気や笑顔を届けることができれば望外の喜びである。

このまえがきを書いているとき、ロシアはウクライナ侵略という信じがたい暴挙をおこした。武力で他国を支配するのは人類の歴史に逆行する蛮行であり、戦争は国家の犯罪である。海外メディアの伝えるところでは、すでに百万人をこえる国民が日常生活を奪われ、避難民となって国外へ逃れている。子どもを含む数百人の市民が死亡している。ロシアが戦いをやめない限り犠牲者はさらに増えるだろう。自由や民主主義は決して侵してはならない普遍的な価値である。侵略から祖国を守るために立ち上がったウクライナ国民の予想外の抵抗にあい、核兵器保持の威嚇をするなどは、とても正気の沙汰とは思えない。被爆国の国民としてここに明記しておきたい。

最後になりましたが、文庫本出版にあたり、編集長の小野塚康弘氏には大変お世話になりました。ここに記し御礼申し上げます。

令和四年三月

青山淳平

海運王 山下亀三郎——目次

第二章　有為転変

第三章　身のほど

第四章　宇和海

海運王　山下亀三郎

第一章　無用な男

勉強せぇ

四国の西南部は地殻のしわのような山々が幾重にもかさなり、そのまま平らな海へなだれ込んでいる。

海は宇和海という。ちょっと沖合にこぎだせばマグロも捕れ、夏は鯨が入り江の奥で潮をふきあげる。この入り江から峠ひとつ内陸へはいると、枕を並べたような里山がつづく。秋になると山肌はハゼやクヌギの紅葉におおわれ、ふもとの平野は黄金色の稲穂でうめつくされる。山下亀三郎の生家の屋敷は、その稲田の一角にあった。

昼下がりのことである。中庭に小太りの女があらわれ、

「亀三郎、ちょっと来なはいやぁ」

と、かん高い声をあげた。林のセミがしんと静まり、納屋の日陰でひと休みしていた使用人たちはごそごそ腰をあげた。

男たちにまぎれてこっそり長屋門を出ようとした亀三郎は、母のケイの声につかまり地団《じだん》駄《だ》をふんだ。この夏に小学校をおえたばかりのこのいけず者《もん》（腕白坊主）はまだ遊ぶことに夢中で、この日も幼なじみの吉次郎と、入り江の筋《すじ》という名の磯《いそ》へゆく約束があった。小石をけりながらしぶしぶ縁側に近づくと、ケイはお多福そっくりの丸っこい額に浮いた汗をぬぐいながら、

「つばえ（遊ぶ）とらずに、はよ、お座敷へ行きなはい」

と、末っ子をうながした。

それで、しぶしぶ座敷をのぞくと、父の源次郎が待っていた。

源次郎は読みかけの新聞から目をあげ、遊び盛りの息子へやわらかなまなざしを向けた。しめったほそい声で、

「もうちょい、待っとれや」

と他人事《ひとごと》のようにいい、ふたたび紙面に目をおとした。

亀三郎は正座をくずし、それでもはりつめた面《おも》もちで母がくるのを待った。外は暑いが、座敷は田をわたる風がぬけて涼しい。

床《とこ》の間には山水の掛け軸がさがっていた。安物だが維新後の知藩事《ちはんじ》だった伊達宗敬《だてむねよし》が好む絵柄のひとつである。この宗敬は幕末に四賢侯《よんけんこう》のひとりにうたわれた、宇和島藩主伊達宗城《むねなり》の弟で、宇和島藩の支藩の吉田藩主であった。隠居してひまになった宗敬は狩りや山菜づみが慰みで、陣屋がおかれていた吉田町の館《やかた》から、喜佐方《きさがた》村へちょくちょく出向いてくる。

代々、村の庄屋をつとめる山下家では、殿《との》のお成《な》りがあるといつもお茶漬けをだしてもてなした。宗敬は酒よりもお茶漬けを好み、とくにケイが心をつくして工夫した味噌《みそ》漬けの一品がお気に入りだった。かけられたままの掛け軸も、もてなしの小道具のひとつである。

源次郎はひとつ咳ばらいをし、書見台の新聞をめくった。

やや背をまるめ、だまってつづきを読んでいる。座敷によばれた亀三郎は、あらたまってなんの話があるのか思いあたらず、じりじりするばかりである。

両親が早世し、九歳の若さで当主になった源次郎は、十四歳のときに二十歳のケイを嫁にむかえている。足太《あしぶと》で五体の丈夫なケイは、六歳も年下のまだ幼い当主をもりたて、つぎつぎに六人の男女をうみ、育てあげた。

亀三郎がうまれたのは上の兄姉が親の手をはなれたあとのことで、ケイはすでに三十九歳になっていた。母乳がとぼしかったから、吉次郎の母のお岩が亀三郎に乳をふくませた。またこれは余談だが、亀三郎を出産したあと、ケイはいぼ痔を悪化させて苦しんだ。

「いぼ痔には、味噌灸《きゆう》がええですらい」

と、近くにすむ老女がこっそり教えてくれた。

痔の局所に味噌をぬり、大きな灸をすえて焼き切る荒療治《あらりようじ》で、男でさえもこらえきれる者はまれである。

「痛いだけなら、こらえたらすまい。やってくださらんか」

とケイは老女にたのみ、悲鳴ひとつあげず焼きとってしまった。

はたらき者の嫁をめとった源次郎は、とくにすることもない。松山からとりよせた一週間分の海南新聞をすみずみまで読み、気のあう村人と維新政府の話題にふけり、子供たちにソロバンを教え、またときおり町から訪ねてくる旧藩士たちと茶飲み話に興じてすごす毎日だった。

源次郎はいわば楽隠居の境遇である。当主として気のきいた訓話をする気概も失せ、大事なことはすべてケイまかせである。そのケイが来ないので亀三郎はたいくつした。

さっきから風にのってまよいこんだオニヤンマが、へやの中をぐるぐる飛びかっていた。目で追いかけていると、トンボは襖のふちにぶらさがった。つられて腰をあげ、つかまえようとしたときである。廊下のほうから足音がたち、前かけをはずしたケイがすたすたと座敷へはいってきた。

源次郎はホッとした顔をあげ、ていねいに新聞をたたんだ。

ケイは当主から少しさがって座につくと、たしかめる。

「お話はなさいましたか」

「まあー、そう、いそがんでも」

源次郎はケイから目線をはずし、はじめて気づいたかのような顔で亀三郎を見つめた。息子と向きあい、将来のことを話すよう、ケイは夫に頼んでいたのである。ケイはいつものこわい顔を末っ子へ向けた。

「亀、あんたは知らんことはなかろうな。お岩さんとこの吉坊《きちぼう》は町で書物を習っていると聞く。いつまでもぶらぶらしとるのは村中で亀、あんただけぞな」

「おっかさん、村中いうのはちぃとおおげさじゃ。吉坊かて町へゆくようになったのは、つい最近のことやけんなし」

「なら、あんたはどうなんぞ。もう十三じゃ。お岩さんがいうには、吉坊はこの先、陣屋の長屋にできとる課外（のちの吉田郷学校）へすすみ、そいから松山の師範学校へゆくつもりやと。あんたとえらいちがいやないか」

　と、ケイはなげいた。

　亀三郎は頬をプイとふくらませた。

　するとケイはパシッ、と自分の膝をひとつたたき、当主をうながした。

「あなた、なにか言い聞かせてくだはいや」

　源次郎はおもむろに背筋をのばし、やおら腕をくむといった。

「亀三郎よ、村井家の保固《やすかた》さんが、アメリカへ渡ったのは知っとらいのぉ」

「そりゃ、おとっつあん、知っとります。保固さんのこと、吉田で知らん者《もん》はおりゃせんけん」

　と、亀三郎は自分のことのように自慢した。

　村井保固は少年たちの憧れの先輩である。

　安政元年、藩の御船手《おふなて》組の林家に生まれた保固は、幼名を三治《さんじ》といった。林家は貧しい藩の下士なので禄高《ろくだか》もひくい。

明治三年春、村井家の末亡人光《みつ》の養子となった三治は改名し、村井保固と名乗る。光は学問好きの保固の将来を見こみ、廃藩になった吉田藩から交付された金禄公債を学資にして、保固を学校へやることにした。

亀三郎が村の寺にできた小学校の高学年になったころ、保固は伊予松山にある英学所（のちの松山中学）の先生になっていた。教師役の和尚が保固のことをしきりと自慢するので、亀三郎は「日本国づくし」や「世界国づくし」を習いながら、吉田にもえらい人がいるものだ、と憧れをおぼえていた。

ある日、吉次郎とふたりで町へ保固の家を見にいった。日がさしこむ窓際で、留守をまもる養母の光が機織《はたお》りをしていた。板塀のすきまから光を見つめ、

（おなしおっ母《かあ》ゆうても、こうもちがうものか！）

と幽玄せまるような情景に亀三郎は感動した。

光の顔はケイとはおおちがいで、細おもてで色が白く、まるで寺の如来像のように見えたのである。

明治十年二月、西南の役の前夜の不穏な情勢のなか、保固は校長の草間《くさま》時福《ときよし》の紹介状をふところに上京し、福沢諭吉に会う。福沢塾長は保固の学力をみとめ、二年級に編入させた。

慶應義塾で学ぶようになった保固は、のちに首相となる犬養毅《いぬかいつよし》や「憲政の神様」といわれるようになる尾崎行雄《おざきゆきお》らと天下国家を論じあい、終生かわらない親交をむすぶことになる。

保固は義塾をおえると、福沢の紹介で六代目市左衛門《いちざえもん》が経営する開国日本の貿易商森村組に

はいった。市左衛門は保固の人間としての大きさを見こみ、開設して間もない森村組ニューヨーク支店へ保固を派遣することにした。

保固は洋行を前にして吉田へ帰郷し、息子の卒業を待ちきれずに病没した養母光《みつ》の墓参りをした。それから実家の林家の両親とともに、有志がひらいてくれた送別会にのぞんだ。この会には源次郎もまねかれている。保固が横浜からアメリカへ旅立ったのは、明治十二年九月二日のことである。

それからちょうど一年の月日がながれていた。

「アメリカいうところは、この日本の何十倍もある国だと聞いとりますらい。そがいな大きな国相手に商売するというのやけん、保固さんもがい（たいそう）に偉うなんなはったもんですらい」

と、ケイは保固をえらく褒《ほ》めてみせた。

アメリカがヨーロッパと同じ文明国であることは亀三郎にもわかる。ただ、文明というものがどんなものなのか、具体的には知らない。

「のぉ、亀三郎よ。保固さんは松山の英学所で慶應義塾の草間先生に会い、人生が拓（ひら）けたのじゃ。慶應義塾をでたお人は、みんなええ学校をおつくりになるわのぉ」

と、源次郎は感に堪《た》えないような声でいった。

草間時福は海南新聞に啓蒙記事をたびたび執筆していたから、源次郎は草間や師の福沢の人物や思想をそれなりに知っており、志の高い若者がいだく国家社会や人生へのあつい思いもわかる。

それで、

（亀三郎には、学問をさせたい）

とひそかに思っている。

はぐれて生まれてきた末っ子にゆずる田畑はなく、かといってこのまま、ぶらぶらさせておくわけにもいかない。源次郎はできるものなら松山中学（明治十一年に英学所を改称）へ進学させたかったが、勉強嫌いの亀三郎にはどだい無理な話である。文明の光だ、と源次郎がいつも大切にしている新聞にもまるで関心をしめさない。

そこでケイと話し合い、宇和島にできたばかりの南予中学校（のちの宇和島中学校）なら、入れてくれるだろう、ということになった。宇和島は村から三里ほどはなれた小さな城下町である。両親の意見が一致したので、あとは亀三郎をその気にさせるだけだった。

「お前は、保固さんのようになりたいやろ」

と源次郎が水をむけた。

亀三郎は胸をはった。

「おとっつあんが望んでおられるのなら、おらやて、なってみせる」

「ほう、そうか。頼もしいことを言《ゆ》うてくれるわなぁ」

源次郎はくんだ腕をほどき、細いあごをなでた。

かたわらからケイがたしかめる。

「保固さんは、眠る間もおしんで勉強したと聞くが、亀、あんたにできるかのぅ」

「おらは、まだまだ遊ぶほうがええ。そやけど吉坊も書物を習いだした。もうこれからはぼやぼやしとられんけん」

「ほうか、それは誠《まこと》じゃろうな」

「うそはいわん」

「なら、どうする」

「うん、おらは勉強したい」

亀三郎はつい、親が喜ぶようなことを口にした。ケイはたちまち眉をお多福のようにやわらげた。しばし、両親はお互いを見合っていた。やおら、源次郎がきりだした。

「宇和島はどうじゃろうのぉ。亀三郎もこれまでちょくちょく行ったことがあるけん、馴染《なじ》みがあらいのぉ」

「そりゃ、おとっつあん、宇和島なら和霊《われい》さんに何度も通うたけん、どがいなとこかわかっとらい」

と亀三郎は応えた。

幼いころから近在の子どもたちと誘い合って、宇和島の和霊神社へ参拝することが楽しみだった。竹の皮でつつんだ握り飯《めし》をふろしきに巻いて腰にぶら下げ、ケイに内緒で源次郎から二銭の小遣いをもらう。三里の道のりを歩いて宇和島へゆくと、神社の前の茶店で一銭三厘の椀盛りの汁をもらい、握り飯をたいらげた。残りの七厘でニッキ玉と黒砂糖を買い、ニッキ玉は帰り道でしゃぶり、紙に包んだ黒砂糖は家の近くで一人住まいをしていた叔母に土産がわりに持ち帰った。

「保固さんも最初はなぁ、慶應義塾出身の先生がおられたので、宇和島の英学所で勉強したんや。松山にいったのはそのあとじゃわい。いま、その英学所は南予中学校になっとらい。おまえはここでうんと勉強せぇや。ほいから松山でも東京でも行ったらええ」

と源次郎がさとすようにいった。

頬を赤らめ、耳をかたむける亀三郎にケイが念をおした。

「ここから歩いて通うわけにはいかんけんのう。家は寂しくなるが、亀は寄宿舎に入ったらええ。宇和島なら近いけん、いつでも帰ってこれらい」

「寄宿舎だっか?」

「そうや、保固さんも寄宿舎で勉強しなはったんや」

とケイは末っ子をはげますように何度もうなずいた。

つい勉強したいと口ばしったものの、嫌いな勉強が本当に待っていると思うと亀三郎は気が重かった。ただ寄宿舎があれば息抜きはできるだろう。そう思うといくらか気持ちが軽くなった。

山下のどん亀

明治十三年九月、亀三郎は草むすばかりの村をでて、四国のはしの宇和島で勉強することになった。東京から見ればここはまさに僻遠《へきえん》の地だが、江戸のはじめから代々宇和島伊達家が治めていたこともあって、文化のかおりは高く、学問もさかんである。

幕末には蘭学者の高野長英《たかのちようえい》が伊達宗城《むねなり》にまねかれている。長英は藩士にオランダ語の稽古をつけ、西洋の近代兵学書を翻訳し、砲台を設計した。また宗城は適塾《てきじゆく》をおえて長州にかえっていた村田蔵六《ぞうろく》を召しかかえ、蒸気船の製造を命じた。蔵六はその後の大村益次《おおむらますじ》郎《ろう》である。

　南予中学校は宇和島城の堀端にあった小学校のなかに、旧藩主の寄付金で併設されていた。予科と本科があり、本科は修業年限四年で、漢書、英書、洋算の三科目を学習する。予科は中学校の課程で学ぶには学力がまだ不十分な者をうけいれていた。ここは修業年限がなく、本人の学力に応じて本科へ編入できるようになっていた。亀三郎が入学したのはこの予科で、生徒数は本科の倍の百名ほどであった。

　両親の期待を背に、保固《やすかた》のあとを追いかけ勉強をはじめたが、しょせん亀三郎は坐学が我慢できない。予科や寄宿舎でもおなじような仲間がすぐにでき、授業をさぼってぶらぶら遊んでばかりだった。それでも正月と盆にはちゃんと学帽をかぶり、多少の書籍をもって喜佐方村へ帰ると、父からは海南新聞を借りて読んだ。両親は本科へ編入したものと信じているらしく、学校のことはとくに訊《たず》ねてこなかった。

　予科のまま二年が過ぎた明治十五年七月、亀三郎は四度目の編入試験に落第した。とても本科にはいれそうにない。

学務科へ相談にゆくと、

「もう、やめなはいや」

と、あっさり、見下すようにいわれた。

「ありゃ、ひきとめはせんのかいな？」

「あほなことをいうたらいけん。ここは遊里とちがうんぞな」

「なんとか、ならんのかいなぁ」

「あんた、勉強が嫌いなら、おらんでもええのよ」

と事務員は面倒そうに引導をわたした。

「なら、やめてやる」

と腹をくくり、亀三郎は指示されるままに退学の手続きをした。

三日後、夜になるのを待ち、月明りをたよりに喜佐方村へ帰った。

見なれた田畑も林も山も星空にいだかれるように眠っていた。黒い森の際《きわ》の小道をまがると、石垣をつんだ敷地をかこむ白い塀が月光に照らされ、にぶく光っているのが見えた。近づくと母屋の窓からは石油ランプの灯りがもれている。母はまだ起きているのだろうか。叱られてばかりだったケイへの思いがつのった。

「落第したから、帰ってきた」とはさすがにいえない。亀三郎は長屋門の前を小走りに引き返した。あとは歩をはやめ、吉次郎の家をめざした。

町の私塾で漢書を習っていた吉次郎は、去年の秋から陣屋に開設されていた吉田学校課外で学びはじめていた。

はやく課外を卒業し、松山にある師範学校の校費生になって親を楽にさせたい、と思っているので勉強にも力がはいる。師範の入校試験の読法、作文、習字、それに歴史や地理は自信があった。ところが心配な算術は初等の「九九の声」や「加減乗除」でさっそくつまずいた。卒業までには微分も積分もある。吉次郎は桑畑で汗をながしたあと、はやめに夕食をすませ、夜は行灯《あんどん》のもとで算術の本をひらいていた。

そこへひょっこり、亀三郎があらわれたから吉次郎はおどろいた。それも元気がなくひどく疲れた顔である。亀三郎はへやにあがると、そのまま寝転がり、大の字になって天井を見つめた。腹をへこまし、大きな溜息をつく。吉次郎は台所へゆくと沢庵《たくあん》をひとつかみ取ってきて、「食べなはいや」とすすめた。

亀三郎は横をむいたままだまっていた。

母親にこっぴどく叱責され、家をとびだしてきたのだろう、と吉次郎は思った。

「亀、気にすなや」

と声をかけると返事はなく、手だけが沢庵のほうへのびてきた。

吉次郎は少しほっとし、亀三郎のかたわらに横になった。それから、課外で習った歴史のことをぼそぼそと話題にした。

平安時代、瀬戸内海の海賊をひきい、千艘《そう》をこえる船をあやつって反乱をおこした藤原純友《ふじわらのすみとも》のことである。この豪勇は宇和島の先の宇和海に浮かぶ日振島《ひふりじま》を拠点にして、天下を相手に戦っている。吉次郎の家から西へ一里も歩けば、その日振島が見える大良《おおら》岬へゆきつく。岬の小山からは日振島へとつらなる島々と宇和海が一望できる。

「亀、日振を見に行こや」

と吉次郎はさそってみた。

亀三郎は勉強嫌いだが歴史には関心がある。それも海賊の頭領になった藤原純友にはとくべつな魅力をいだいていた。

亀三郎は上体をおこし、

「ええけど、お蚕《かいこ》さんはほっとけんやろ」

と育ちざかりの蚕のことを案じた。毎日、桑の葉をあたえる仕事がある。養蚕《ようさん》は吉次郎の家の現金収入の柱である。

「なんも、昼間はこげな日照りやけん、みんな家でごろごろ涼んどらいな。昼前から岬へでかけたら、夕方にはもんて(帰って)これらいな。それより亀、家のほうは大丈夫かや」

「うん、心配いらん」

「そうか。そんならお蚕さんには朝、たっぷり桑をやっておく」

「吉坊、おらも畑の桑つみ、手伝わい」

「よし、なら決まりや。昼前にでるけん、おっかさんには弁当こさえてもらおうな。日振を見ながら食べたらうまいぞ」

ふたりともまだ岬に行ったことはなかった。真夏の海原に浮かぶ日振島を思い浮かべながら、ふたりは眠りに落ちた。

喜佐方村は宇和島湾の北辺から宇和海のほうへ丸くふくらんだ陸部のまんなかにある。ふくらみはアンコウの頭の形に似ている。その頭の先からぶらさげた餌のように、ひょろ長くのびているのが大良岬である。

翌日、岬の磯を歩き、ふたりは岬の先の小山にのぼった。

頂上からの見晴らしは迫力があった。帆船のマストのてっぺんから大海原を見下ろすようである。潮風に頬をうたれながら、ふたりの少年は気持ちをたかぶらせていた。日振島は宇和島湾の入口に点在する島々の背後で、海原におかれた兜《かぶと》のようである。

吉次郎がおもしろいことをいった。

純友は出身が藤原北家なので、血筋のよい都人《みやこびと》だとされている。しかし素性は伊予の海賊の越智一族だという。中世の瀬戸内海の海運史を研究している課外の教師の話では、海賊出身の純友は京都の貴族の娘を略奪して姻戚関係をむすび、藤原の姓を名乗るようになった。だから純友の反乱は地方の野人と中央の都人との争い、ということになる。

真実はともあれ、野人と都人という竹を割るような分類が亀三郎には小気味よかった。純友が伊予の海賊であるなら、かれは伊予がうんだ一番の豪傑である。

この話は、中学を落第した亀三郎をふるいたたせた。

いやな勉強なんかにしがみつくことはない。たとえ立身出世のコースにのって高位高官を手に入れても、それはときの権勢を虎の威とする出来合いの都人にすぎない、と亀三郎は思った。そんな者になれもしないが、なりたくもない。自分には学歴も閨閥《けいばつ》も人脈もないから、偉くなるのは大変だが、道がとざされているわけではない。この草むす田舎の野人であれ、都人をしのぎ、都人の鼻をへし折ることだってできる、と考えをめぐらせていると、やがて気宇壮大な思いにかられた。

(おらは純友になる!)

ひそかに誓い、おにぎりを腹におさめ立ち上がった。

水平線の日振島まで、かさなり合う島影が純友の兜に見えた。

「なあ、吉坊。二年後にはおまえは松山の師範や。おらはな村をでて、都へゆく」

「都か。そりゃええけど、ちいと遠い」

「遠いからええんや」

「亀さんはこの村が嫌いか?」

「そんなことあるかや。おらはな、保固さんのようにこの村では会えん人に会《お》うてみたい。いろんな人に会うてみたいんや」

と亀三郎は海原のむこうへ挑むようにいった。

岬で亀三郎は元気をとりもどした。しかし落第という現実からはのがれようはない。両親が落胆する様子が目に浮かび、帰りの足取りはさすがに重かった。日が西へ傾くころ、亀三郎はこっそり長屋門をくぐった。

風呂の焚口にしゃがんでいた女中が亀三郎に気づき、丸髷に姉さんかぶりの手ぬぐいをとって、「あれま、おっとろしや。坊ちゃん、お帰りなはいませ」と大きな声をあげ、台所の奥のほうへ小走りにかけていった。すぐにケイがあらわれた。

「よう、もんてきたなぁ」

とやさしい口調で労わってくれた。

亀三郎は帰宅のあいさつをしたものの、落第のことはつい、いいそびれた。うしろめたい気分で玉砂利をふみ、玄関のほうへゆきかけると、一休みしたら「離れ」にゆくように、とケイが背中をおすようにいった。

亀三郎はしばらく自分のへやで片づけをした。田んぼからの風がやみ、むすような暑気がへやにこもっている。裏山からわきあがるヒグラシの鳴き声がへやのなかで増幅され、亀三郎の耳朶《じだ》にからみついた。

意を決し、亀三郎は源次郎が隠居している離れに顔をだした。すると、三和土《たたき》に源次郎がひょろっと立っていた。

「遅かったのぉ、どがいしたんやろうと、心配になって見にゆくとこやったが、まあ、無事にもんてきて、よかった」

源次郎は畳《たた》んだ新聞を胸元で抱くようにもち、「まあ、あがれや」と息子をみちびいた。どうも様子がへんである。居間で父と向きあい、先にきりだした。

「昨日は吉坊のとこへ泊まり、今日は大良の岬へいってきました」

「うん、昼にお岩さんが来て、大体のことは聞いたわな」

まった。

「なんだ、そうでしたか」

昨夜、村に帰ったことは、両親につつぬけだった。源次郎が話をついだ。

「岬はどがいじゃったな?」

「日振島が兜のように見えました」

「兜か。そりゃ、ええものを見たわい」

源次郎は濃い眉毛の下の目をほそめた。亀三郎は背筋をのばし、「おとっつあん」と改まった。

「おらは、落第しましたい。勉強は好きになれん。どうかこらえてやんなさい」

とゆるしをこうとふかぶかと頭を下げた。十分に間をとり、ゆっくり顔をあげた。見ると、源次郎はいつものおだやかな顔である。

「おとといな、宇和島の中学から退学通知の郵便が来たわい。そやから落第のことはもう知っとらい」

「おっかさんも?」

「ああ、知っとる、知っとる」

と源次郎はくりかえし、うなずいた。

「のお、亀三郎、すまんのは親のほうかもしれん。勉強嫌いのお前をむりやり宇和島に行かせてしもうたけんのう。落第なんかは気にせんでええ」

「おとっつあん……」

「跡つぎの重治郎とも相談してな、山をひとつお前にやることにした。山の手入れをしながら先のことをじっくり考えたらええ。あせらんてええけん、ゆっくりしたらええ」

「おっかさんも、おらのこと、赦《ゆる》してくれたんか」

「赦すもなんも、みんな母さんの按配《あんばい》じゃ」

「おっかさんが……」

亀三郎のなかに熱いものがこみあげてきた。

翌日から亀三郎は背負子《しょいこ》を背中に、山にはいった。

山では桑の栽培が中心だが、木蠟《もくろう》をとるためのハゼの林、夏橙《だいだい》、八朔《はっさく》、甘夏《あまなつ》などが栽培されていた。

宇和島でぶらぶらしていた亀三郎の生活は一変した。

山仕事も稲作も重労働である。あっという間に夏が過ぎ、稲刈りがすみ、八幡神社の秋祭りがめぐってきた。境内では毎年、相撲と田舎歌舞伎の興行がある。亀三郎はひさしぶりに村人のあつまる場所へ顔をだした。

末っ子といっても庄屋の倅《せがれ》である。三月あまり、仕事にもうちこんでいたから地肌は黒々と日焼けし、見るからたくましくなっている。それで憧れの純友にすこし近づいた気分があった。亀三郎は胸をはり、海賊の頭領のような顔で境内をあるいた。

ところがなんとも妙な気配だった。村人は亀三郎を見るとさけるように脇へよる。とおり過ぎると周囲の者と顔を見合わせ、なにやらひそひそ話しこむ。亀三郎は背後にひややかな視線を感じ、とうとう立ちすくんでしまった。人垣からはなれ、境内の杉木立のなかから相撲を見物し、歌舞伎芝居は立ち見の観客の肩越しにそっと盗み見るという有様だった。

小学校の仲間を見つけ、わけがわかった。

中学を落第した亀三郎は村人から「山下のどん亀」とよばれ、侮《あなど》られていたのだった。二年たっても本科にあがれず、「どんくさい奴」という意味である。どんくさいには、「野暮」「うすのろ」「まぬけ」といったニュアンスもある。落第は亀三郎の背中に「どん亀」という屈辱的なレッテルをはりつけていたのである。これではとても純友どころの話ではなかった。時がくれば純友のように京をめざして狼煙《のろし》をあげるつもりでいたが、膝元でとっくに白旗があがっていた。

このまま村にいて、「どん亀」と陰口をたたかれつづけるのなら、いっそ村を飛びだしたほうがええ、と亀三郎は決心した。そしてもくもくと山仕事をつづけながら、ひそかに旅立つ日を待った。

帰ってくるな

その日、ふだん野焼きの煙がたちあがっている空から、みぞれまじりの雨が降っていた。蓑笠《みのかさ》をつけて山へはいった亀三郎は、小屋に隠していた風呂敷包みを小脇にかかえ、村の一本道におりてくると、長屋門と白い塀ごしに見える屋敷へ一礼し踵《きびす》を返した。

町の方角へいそぎ、山下家からたくさんの米を仕入れている造り酒屋の水口屋へたちよった。

「はいもうし、米代をいただきにまいりました」

とすました顔でつげると、あやしまれることもなく、主人が十五円ほど渡してくれた。それから源次郎と親しい白城《しらき》清太郎の家へゆき、京都で働きたいので、旅費を貸してほしいと頼んだ。

じろっと上から下まで亀三郎の出で立ちに視線をはしらせ、

「おっとろしや、ぼん（ぼっちゃん）、両親は知ってのことかのう？」

と清太郎が目を丸くした。

すかさず亀三郎は土間に膝をそろえてすわった。

「このまんま村におっても、どん亀の汚名はよう晴らさん。おらは京の都で店をもつまで帰らん覚悟ですらい。どうぞ助けてやんなはいや」

と頭をさげた。清太郎は意気に感じた。

「そりゃ、またがいな覚悟じゃわい。よし、手持ちの金を貸すから京へのぼればええ。じゃが、ぼんがおらんようになったら、源さんもおケイさんも村中あげて探さいな。わしは二日ほど黙っとく。その間に京へ行きなはい」

「二日ですか」

「うん、今日と明日じゃ。それ以上だんまりをきめこむ（内緒にしておく）のはきついわい。ぼんは宇和島から船をつかまえて、とっとと大阪へ行ったらええ。宇和島くんだり（近辺）

で遊んどったらつかまるで」

「明日の船にのります」

「ほうかえ、達者でな。落ち着いたら親に便りをせえよ」

清太郎はさとすと、和紙に草書で餞別と書き、一円札を七枚つつみ、亀三郎へ手渡した。

昼から雨あしはつよくなった。ぬかるみに足をとられながら、黒の瀬峠をこえ、夕刻に白い雨が休みなく降りつづける宇和島の大浦についた。海岸ぞいに河口までゆき、港に面した船宿に泊まった。

翌朝、亀三郎は雨戸をうつ風の音で目が覚めた。階段をおりていると、台所のほうから女将《おかみ》がやってきて、

「お客さん、今日はしけとりますけん、船は出ませんでぇ」

と声をはりあげた。

港へでてみると、初冬の寒風がふきあれ、海には白波がたっていた。午後、大阪行きの船便が出港するはずの波止場に人影はなく、波しぶきが桟橋の石組みをたたいている。女将のいうとおりである。しかたなくひき返し、亀三郎は宿にもう一泊することにした。

家を出て三日目の朝も、季節風はおさまらず船は欠航になった。親がやとった捜索人がやがて白城清太郎が約束してくれた内緒の期限は切れてしまった。親がやとった捜索人がやがて宇和島にやってくる。宿を替えようか、ぐずぐず迷っていると、そのうちに風はおさまった。明日、早朝に船は出る、と女将が太鼓判を押した。船の出港が早朝なら、大丈夫だろう、と

高《たか》をくくり亀三郎はもう一晩、同じ宿に泊まることにした。

夕食をすませ、早めに寝床についていた。うとうとしていたら、階下で話声がした。女将と甲高い声の男がなにか言い合っている。

「勝手にあがってもろたら、困ります」

女将が侵入者を押しかえしている。

「あんた隠したらいけんぜ、ここにおるのはわかっとらい。すぐすむけん二階へあげてや」

と男は声をあらげた。捜索人である。亀三郎は跳《は》ねおき、手荷物をひきよせた。

「山下のぼんぼんが、ここに泊まっとるはずじゃがのぉ」

探るような声が二階の部屋にまで届いてきた。

亀三郎は金縛りになった。聞き覚えのある声である。家のすぐ近くの雷神社《いかずち》の神官だった。

女将がなにやらいっている気配がし、少し間があいた。亀三郎は耳をとぎすまし、階下の様子をうかがった。すると、神官が二階へむかって言いはなつ言葉が耳をとらえた。

「山下のぼん、聞こえとるかな。連れ戻しに来たんじゃないぞ。ぼんのおっかさんのケイさんの言葉を伝えに来たんじゃ。しっかり聞け。男子がいったん村を逃げ出して、おめおめ帰ってくるようなことをしてくれたら、母は家の者にも村の者にも、ろくでなしを産んだといわれ、恥ずかしゅうて生きておれん。大手をふって村の道を歩けるようになるまで、帰ってくるな！　と。ぼん、聞こえたかな。帰ってくるなよ！」

神官はさらに二度三度、

「帰ってくるなよ！」

と、ケイの思いを亀三郎になげつけると、ひきあげていった。

その間、亀三郎は虚空をにらみ、こぶしをにぎりしめていた。

翌朝、宇和島を出港した船は翌々日の夜半、大阪の安治《あじ》川の川口に着いた。小舟で桟橋に上陸した亀三郎はゆくあてがなく、川岸のそば屋にかけこみ、八厘のしっぽくを三杯たいらげ、夜が明けるのを待った。

そして日が昇ると、亀三郎は師走であわただしい大阪の街をうろつき歩いた。よい働き口があればわざわざ京都へゆくこともない、と思ったからだが、どこへいっても身元引受人のいない亀三郎を雇ってくれるところはなかった。

三日後、亀三郎は馬車にゆられて京都へ向かった。

郷里の小学校の級友が京都で奉公していたことを思い出し、うろ覚えの住所をさがして訪ねていった。そこは祇園清井町の筆屋で、間貸しの部屋がまだひとつ空いていた。亀三郎はさっそく主人《あるじ》に話をつけ、朝夕二食の賄《まかな》いつきで下宿することにした。

住まいを確保し、さっそく仕事をさがした。

新聞の求人欄には「巡査」「教師」「書写」「乳母」「植字士」などがあるが、どれも気にいらない。丁稚《でっち》奉公覚悟で郷里をとびだしてきたのだが、その気概は日ごとにうすれていった。

そしてはりつめた気持ちがゆるむと、遊びたい気持ちがわいてくる。かといって名所旧跡には関心はなく、亀三郎は店の奥の長火鉢に手をかざし、一日ぼんやりしている主人の話相手になった。

　主人は井上嘉七といい、もとはちょっとした商家の跡取り息子であった。嘉七は先斗町《ぽんとちょう》の茶屋遊びで道楽をつくした果てに、なじみの芸妓《げいぎ》を妻にして余生をおくっていた。いわれてみれば、妻女にはなんともいいがたい色気がある。亀三郎は女という性を意識し、女体を思い描く年になっていた。

「おなごちうものは、そらそら深いものがありまっせ」

というのが茶屋遊びを語るときの嘉七の枕詞《まくらことば》だった。

　嘉七の猥談や芸妓たちとの寝物語に亀三郎は耳をかたむけ興奮した。だが、なにがどのように深いのか、さっぱりわからない。先斗町へ出かけようと何度か思ったものの、手持ちの金がつきかけていたのであきらめた。

　下宿暮らしをはじめて二ヵ月が過ぎたころである。

「あんはん、小学校で代用教員のクチがある。どうでっしゃろ?」

と嘉七が準訓導の話をもってきた。

　勉強嫌いの落第生が先生のまねごとをやる、というのもおかしなことだが、金がなかった。月に五円くれる、というので亀三郎は代用教員になった。

　勤め先は上京区にある九組小学校だった。学校のあっせんで、筆屋から畳屋の二階に引っ越した。

「教育令」が改正され、小学校の修業年限が初等科三年、中等科三年、高等科二年と定められたころである。

校長から東京師範学校版の『小学読本』『小学教授書』、それに『小学算術書』を手渡され、初等科を担当するよう申し渡された。

鼻をたらした男児たちに五十音図や伊呂波《いろは》図をつかって字を教え、それが終わると読書入門の教科書をひもとく。「ヨキネコ　ワロキイヌ」「ユキシロク　カラスクロシ　ソラアオク　ヒアカシ」といった具合である。教えるだけならまだしも、大小をもらす子もいて、厠《かわや》につれていったり着替えをさせたりで、子守役をしているときのほうが多い。あっという間にひと月が過ぎた。

葵祭が近づき、下宿のある畳屋の界隈《かいわい》も華やいだ雰囲気になった。

いまごろ、郷里の喜佐方村では、里山が新緑にもえているはずである。祭の音曲が聞こえてくると、亀三郎は郷里のことをなつかしく思い出すようになった。新聞を読んでいると父源次郎の温顔と、大きめの前かけをまき、出入りの使用人や女中に指図している母ケイ、それに兄姉の顔が桑畑やおだやかな海の情景とかさなってよみがえってくる。とりわけ、「帰ってくるな」と伝言したケイのことを思うと、胸がしめつけられるのだった。

京都にきて間もなく、級友からこんなことを伝え聞いた。

亀三郎の家出を知って、村人が見舞いにくると、

「あれは家の恥さらしですらい。村のみながいうように、あれはどん亀のできそこないや。山下家の跡取りには重治郎がおるから、亀三郎が逃げ出してちょうどよかったですらい」

とケイは笑い飛ばしていた、という。

しかしながら、息子が京都にいることを知っていながら、じっと沈黙している親の思いが分からない歳ではなかった。亀三郎は両親あてに短く、

〈小学校デ代用教員ヲツカマツリ候故、御安堵下サレ〉

と書き送り無事をしらせた。

すぐに源次郎から、困っていることはないか、と案ずる便りが届いた。教師稼業は身につきそうにないが、いらない心配をさせたくなかったので、返信をしなかった。

ながい梅雨があけ、京都の町はいっきに暑くなった。

学校は夏休みにはいった。何もすることがない。だれも訪ねて来ず、行くあてもなかった。休みの間、将来のことをいろいろ考え、もう一度勉強をし直すことにした。母の手前、まだ郷里に帰れない。それで代用教員をしながら金をため、東京へゆくことにした。

秋から勤め先が下京区の銅鈍小学校へかわった。もたされたのはまた初等科である。すっかり嫌気がさした。学校へしぶしぶ出かけ、終業の時刻がくると急いで、下宿にもどるようになった。

というのも下宿に少し楽しみができていた。

「亀はん、お帰り。今日は何が食べたい？」

と、畳屋夫婦の一人娘の品《しな》がへやにあがってくる。品は齢二十二になるので、亀三郎よりも六つ年上だった。

はじめはへやの入り口でひざまずき、襖の外から声をかけてきたが、学校をかわって間もなく、へやに入ってきて着替えを手伝ってくれるまでになった。

この前のこと、品は桃割れの髷《まげ》に花簪《かんざし》をさしていた。華やいだ気分が亀三郎にも伝わり、着替えのとき、すっとのびてきた品の手を思わずつかまえようとした。

「いやや、邪魔したらあかん」

と品はふりはらい、

「うち、これから、菊見にゆきますねん」

と、はじけるような笑顔でいい、階段をとんとんおりていった。

朝夕の食事の給仕も母親から品にかわっていた。出勤の支度でぐずぐずしていると、

「はよせにゃ、いかんよ」

と亀三郎の背中をたたき、いそがせる。その感触がここちよく、品の好意を感じたが、それ以上のことはなにもない。品は亀三郎を弟のように思っているのだった。

実ることのない初恋だったが、ときおり、なにかの拍子に品の着物のすそがめくれ、白くふくよかな脛《すね》がのぞきみえた日など、亀三郎は夜、悶々とした。もっと奥が見たい、と生唾をのむのだが、そこから先は見ることができない。ただ脛だけは見える。見えると、奥まで見たく、品のものがかなわないのなら、いっそいさぎよく茶屋遊びをして、こころゆくまで見てみたい。何度もそう思った。しかし思うだけでぐずぐずしているばかりである。

けっきょく、仕事も品のこともゆきづまり、明治十七年十一月、亀三郎は京都を逃げだし

た。大阪から四日市へゆき、小さな汽船で上京して横浜に上陸した。山下亀三郎、十七歳の晩秋のことである。

ところで、これより一年前の明治十六年の秋、正岡子規《しき》のあとをおいかけ、伊予松山から東京へやってきた青年がいた。当初、「太政大臣になりたい症候群」のひとりだったこの若者こそ秋山真之《さねゆき》である。

真之は麴町三番町の旗本屋敷の離れを借りていた兄好古《よしふる》の監督下で、英語を学ぶため子規とふたり、神田の共立学校へ通う。そして亀三郎が上京した年の九月、真之は子規とともに一ツ橋にある大学予備門に合格していた。真之は好古の許しをえて、子規がいた神田の猿楽町にある下宿屋へ移る。同じ部屋で子規と一緒の生活がはじまった。

新参組の亀三郎はこのふたりより一つ年上の同世代である。

近代俳句確立の道へすすんだ子規と亀三郎の交友はない。いっぽう海軍にはいった真之と海運業をおこす亀三郎は、生涯にわたって深い親交をむすぶことになる。ひところ、好古は破天荒な人生を歩む亀三郎をみとめず、

「淳《じゅん》（真之の幼名は淳五郎）や、あまり山下と呑みあるいてはいかんよ」

と、真之に小言をこぼしたことがある。

しかしふたりはよほど気があったのだろう。交友はかわることなくつづいた。

ええ夢みたんや

話は亀三郎にもどる。

京都を発つとき、

「拝啓　ハゼの山は実が鈴なりと存じ候《そうろう》、御両親様はつつがなくお暮らし遊ばせうれしく存じ上げ候。少子亀三郎勇気満々、このほど上京を決意致し候。今度こそ少子一意《いちい》専心、学問に志す覚悟にて御座候」

と亀三郎は郷里に書き送っていた。

上京すると、書生が多く住む駿河台の甲賀町に下宿を見つけた。

仕送りをあおぐため、ふたたび手紙をだした。源次郎からさっそく返信がとどいた。

亀三郎の上京を旧吉田藩主の伊達宗敬に言上奉《ごんじょうたてまつ》ったところ、宗敬様から兄の伊達宗城《むねなり》公へ亀三郎のことが伝えられた。畏《おそ》れ多くも宗城公は喜佐方村の庄屋山下家の倅《せがれ》を見てみたい、と申された。紋付の羽織袴を送るから直ちに今戸の屋敷へ参上し、宗城公に拝謁《はいえつ》の栄誉にあずかるように、としたためてあった。

亀三郎は頭をかかえこんだ。旧士族でもあるまいし、東京までできて郷里の昔の殿様にあいさつにあがるなどまっぴらである。ゆかないつもりでいたら、羽織袴につづいて足袋と桐下駄が届き、拝謁をすませば仕送りをはじめる、という内容の手紙が添えられていた。

宗城の今戸屋敷は、隅田川中流の田園地帯にある。対岸には向島の百花園があり、春には花見の屋形船が川に浮かぶ。また今戸からほどよいところに吉原がある。日が暮れると、遊郭の客をのせた人力車が提灯の明かりを川面にうつしながら今戸橋をゆきかうのが見える。

亀三郎はまだ日が明るい午後、今戸屋敷で宗城に謁見した。

宗城が幕末から御一新の時代、この日本という国のかたちをつくった偉人のひとりであることは亀三郎も承知していた。畏れ多くひたすらかしこまっていると、宗城は額装して壁にかけてある漢詩のことをいった。それは四賢侯のひとりの松平春嶽《まつだいらしゅんがく》のものである。

我無才略我無寄　常聴衆言従所宜
人事渾如天道妙　風雷晴雨豫難期

字面をたどりすぐに意味がわかった。

「学問を志して上京した、と聞くが」

「はい、おおせのとおりでございます」

「ゆく先は決まったか」

「いえ、まだなにも」

「ならば穂積陳重《ほづみのぶしげ》に会うがよい」

と、宗城はイギリスとドイツ留学から帰国し、東京大学法学部の講師をしている穂積の名をあげた。穂積家は宇和島藩の家老職の家柄で、陳重の長兄は伊達家の家令である。

たいそうなことになった、という思いにかられながら、亀三郎は大学の研究室に穂積を訪ねた。ほっそりした顔に口ひげをたくわえた穂積は亀三郎を歓待し、有楽町の数寄屋橋にある明治法律学校への入学をすすめてくれた。

すぐ郷里から入学金がとどいた。やっていけるかどうか、自信はなかったが、もう後にはひけない。学問の狼煙《のろし》をあげたのは亀三郎のほうである。覚悟をきめ、学校の門をくぐった。

明治法律学校は維新政府お雇いの法律顧問ボアソナードの直弟子たちが創設した学校である。授業のレベルは高い。教室には代言人試験（現在の司法試験）合格をめざす若者たちの熱気がみなぎっている。

なんとか一年、亀三郎は夢中でついていった。しかし二年目にはいると授業はにわかに難しくなり、亀三郎はずるずる取りのこされていった。

気持ちがやすらぐのは下宿だけである。素人下宿で、三人の娘とその母親が五人の書生の面倒をみていた。娘のなかでは一番上がなかなかの美人で、名をあぐりといった。血気盛んな書生たちはみんなあぐりに夢中で、花見や寄席に誘って気をひき、なんとかしてものにしようとやっきだった。なかでも堀田という米問屋の三男がしつこかった。なんども言い寄っていたが、あぐりには意中の人がいるらしく、そっけなくされるばかりである。

明治十八年の梅雨があけたある日のことである。突然、襖がひらき、年上の堀田が畳に座りこんだ。

「おい、山下、ぱっと遊ぶんだ。一緒にゆこう」

「また義太夫ですか」

近くになじみの寄席《よせ》があった。亀三郎も落語や娘義太夫《むすめぎだゆう》によく通っている。堀田はにじりより、顔を近づけ、藪《やぶ》から棒にいった。

「金はだす。これから吉原へゆく。つきあえ」

「吉原……？」

「なんだ。おまえ、知らないのか」

堀田はニキビだらけの顔をゆるませた。しゃくにさわり、先斗町なら何度か、と亀三郎はうそぶいた。

「そうか、だったら講釈は無用だ」

堀田は喜々として立ち上がった。ふたりは夜の闇にまぎれて人力車をはしらせ、瀟洒《しょうしゃ》なガス燈をのせた吉原大門《おおもん》をくぐった。

廓《くるわ》のなかは別世界である。ガス燈も提灯も楼の窓に映る灯もみんな紅色に彩られ、闇のなかに浮かんでいた。亀三郎は妖《あや》しげな空気に脚もとをとられ、ただふわふわと堀田のあとについて仲之町通りをそぞろ歩いた。通りには鹿鳴館時代を反映し、木造三、四階建ての中小の楼と華やかな欧風の大楼《たいろう》が建ちならんでいた。旦那衆をのせた人力車がゆきかい、蕎麦の屋台や新内流しの二人組も通る。

堀田はなじみの引手茶屋に亀三郎をさそった。

古い川柳に、「吉原は寝に行くところ　寝ぬところ」とあるように、粋《いき》な旦那衆の場合、ここで吉原芸妓《げいしゃ》と遊び、興がのれば、「それではひとつ、案内してもらおうか」と楼にあがることになる。

書生のふたりには、そのような余裕も甲斐性もない。茶菓子だけですませ、わたされた寝間着を脇にかかえると表にでた。手提灯をもった女中のあとについてゆくと、「宝来楼」と入口に暖簾《のれん》がさがった中見世《ちゅうみせ》（中くらいの格の楼）に案内された。入口のすぐ横には細い木の格子で仕切られた張見世《はりみせ》がある。熊の毛をいれふくらませた立兵庫《たてひょうご》の髷に簪《かんざし》をさし、赤い着物をまとった遊女《おいらん》たちが緋毛氈《ひもうせん》のしかれた床に立ったり腰かけたりして客がつくのを待っている。きちんとした身なりの客が数人、格子のなかへ話しかけていた。

とまどいがちにながめていると、

「山下、おまえから選べ」

と、堀田がおうようにいった。

亀三郎は格子の向こうの遊女たちに、視線をおよがせた。遊女はガス燈の明かりと蠟燭《ろうそく》のゆらめく紅い灯《ひ》に照らされ、挑むような光をたたえた目で通りを見つめている。亀三郎が格子へ近づくと、頰のほっそりした娘がこちらを向いた。うりざね顔が品《しな》と似ていた。おなじ年頃だろうか。亀三郎の脳裏に品の白い脛《すね》が浮かび、性の匂いがした。うわずった声で名前をたずねた。

「ツルの鶴、つる尾です」

と娘は応え、はじらい、目をふせた。

二階の引付け座敷でしばらく待った。ほどよく鴇手婆《やりてばばあ》があらわれ、三階の奥にあるつる尾の本部屋へ手引きしてくれた。つりさげられた蚊帳のなかには、床《とこ》番がはこんだ花柄の布団がのべてある。そして蚊帳のそとで、朱色の肌襦袢一枚になったつる尾が細い肩でかしこまっていた。

江戸の世とはちがい、吉原に伝わるしきたりも年ごとに実利的になっていた。かつて客は初会、再会、三会と順をふみ、遊女と床入りするしきたりがあったが、いまそれははぶかれ、初会でも寝ることはできる。そのかわり、儀式として遊女は「お床入《ひけ》」前に、客と酒をくみかわす。

つる尾は膳の徳利《とっくり》をとりあげ、客に酒をすすめながら訊いた。

「お客さん、はじめて?」

亀三郎はぐい呑みをさしだし、

「ああ、はじめてや」

とすなおに応えた。

堀田の前では知ったかぶりをしていたが、いざふたりきりになると武者震いがとまらない。さしだしたぐい呑みが徳利にあたり、何度もかわいた音をたてた。つる尾がおかしがって膝をくずすと、肌襦袢の胸元がひらき、乳房があらわになった。

「ねえ、あたいにもちょうだいな」

つる尾は亀三郎のほうへからだをよせてぐい呑みをもぎとり、残った酒を美味《うま》そうにのみほした。そして自ら酌をしながら、

「あんた、書生さん?」

と上目づかいにたずねた。亀三郎がうなずくと、つる尾は肩口にそっとしなだれかかり、

「あたい、あんたを見たときから、すぐに好きになった」

と甘えるようにいった。

酔いもまわり、亀三郎は雲のうえにいるような気分である。空《から》になった徳利を膳にねかせ、つる尾は紅い縁取《ふちど》りの蚊帳のすそをはらい、先になかへ入るよう、亀三郎をうながした。

それから後のことは、すべてつる尾のペースですすんだ。せまればせまるほど熱をおび、あやしげな声をもらす女体の不思議に亀三郎は身も心もしびれ何度も恍惚を味わった。のぞきみたかった奥はあたたかく潤い、突けば突くほど濡れ、褥《しとね》をしめらせた。

はじめて果て、亀三郎は心地よいねむりを味わった。

ねむりのなかで、

(女は、こんなによいものか……)

と男になった歓びをかみしめていた。

右の手を下にして寝ていたつる尾は、左手で亀三郎の頬をいとおしそうになでまわしていた。気配に気づき、亀三郎は短いねむりから醒めた。

「書生さん、なんてお名前?」

つる尾の手は頰から耳たぶを愛撫する。

「亀三郎、山下、亀三郎……」

つる尾の口元に微笑が浮かんだ。

「亀三郎、いいお名前。書生さん、きっと出世してよ」

というと、左手は亀三郎の胸元からすっと下へのび、隆々と立ち上がったばかりの一物をにぎった。頬ずりをしながら、

「あたい、亀さんが好き。好きなんよ」

とささやき、誘った。

亀三郎はふるいたち、つる尾の乳房をまさぐった。ふたたび果て横たわると、遠くで三味線をつまびく音色がかすかに聞こえてきた。

江戸の昔はもとより明治においても吉原は粋な文化の発信地であった。楼の遊女は格式高く茶屋の芸妓は芸事に優れ教養も豊かであった。伊藤博文や山本権兵衛など遊里から伴侶をめとった元勲や文人は多い。そして旦那衆だけでなく、親元をはなれ、東京で暮らしはじめた学生たちにとっても、吉原はきわめて魅力のある世界であった。吉原通いは決して特別なことではなく、この時代の若者たちが人生や社会と裸で向き合い学ぶ入口でもあった。例えば日本の社会主義運動の父といわれるようになった堺利彦も第一高等中学校時代に吉原の廓のなかを転々としたあげくに退学している。

亀三郎の吉原通いは、三日と明けずにつづいた。ゆくと、茶屋遊びには見向きもせず宝来楼だけに上がった。目当てはつる尾である。いつも玉抜き《ぎょくぬ》（ひと晩買いとり）なので、下宿に帰りつく頃、日はすでに高くのぼっていた。

あっという間に夏がすぎた。

玉抜きの揚代《あげだい》は八十銭。親からの仕送りはすっかり底をついてしまった。性の悦楽のためだけなら、吉原遊郭の表通りの楼に上がらなくとも、裏通りの小さな楼がひしめく川岸見世《かしみせ》へ通うと、二十銭もだせば欲望を満足させることはできた。

しかし遊女を恋慕すれば、川岸見世ですますことはできなくなる。亀三郎もつる尾に恋心をいだいたから、ことはややこしくなった。吉原のしかけにまんまと嵌《はま》ってしまったのである。

「おいらんの真実《まこと》と四角い卵は、この世に存在しない」とはよくいったもので、男がつくった郭のなかで、遊女は年季があけるまで、いつわりの恋に身を焦がす。遊女にしてみれば相手がだれであれ、そのようにしないと、郭の仕事はつらくて、とてもつとまらないのである。

恋することを禁じられた遊女は、なじみの客へ恋心にかわる寸前のところまで思いを高め、からだをあずけて燃える。遊びなれた旦那衆はそのようなかりそめの恋を愉しみ、それゆえにこそ肉欲の愉悦をこころゆくまで味わうことができた。

若い亀三郎が遊女の心情を察知していたわけではない。夜とぎ話のなかで、周旋業《しゅうせんぎょう》（江戸時代の女衒《ぜげん》）へ身売りされ、年季明けまでの六年間、廓のなかで暮らすつる尾の苦労を聞くにつれ、切なさと愛しさがつのり、その思いにひかれ亀三郎は吉原へ通いつづけるのだった。

九月に親から三十円送ってもらったがすぐになくなり、十一月には四十円ほど無心した。

そして十二月、今年はもうこれで最後にしようと心に決めて宝来楼へあがると、つる尾が正月の紋日（祝日）にはできるだけ多く来てほしい、とすがりついた。

吉原では三が日をふくめ、正月には紋日が十一日もあって、その日、遊女はなじみの客にひと晩買い切ってもらうしきたりになっていた。紋日は平日よりも揚代は高く、四円が相場だった。

「あたい、みんな、亀さんに買い切ってほしい」

無理を承知でつる尾がねだる。

「つる尾、僕は毎晩でも通いたい」

と亀三郎は匂いたつからだをひしと抱きしめ、できるだけ買い切ることを約束したものの、先立つものはなにもない。六日分の紋日の揚代と下宿代などでまた四十円ほど送るよう親に頼んだ。すると源次郎から、このところの出費をケイが怪しみ、よもや亀は悪所通いをはじめたのではないか、と疑念をいだきはじめている。ひとつ、そのようなことはない、とお前のほうから手紙を書き安心させてやってくれ、と便りがきた。

さっそく、ケイに学資、下宿代、書籍の値上がりで生活もままならないが、あと二年すれば代言人試験に合格し、故郷に錦を飾ることができる、と偽りと大見栄の手紙をしたためた。

年が明け、明治十九年になった。

三が日から晦日まで、亀三郎は予定より二日多く八日間、吉原に泊まったため所持金はすべてなくなってしまった。そこで電報をうち、親からこんどは三十円の為替をせしめた。

冬のあいだ、学校に出て授業を聴いたが、すでについてゆけない状態になっていた。またまた落第の憂き目をみそうである。

梅の花がほころびはじめた早春、亀三郎が久しぶりに宝来楼へあがると思いがけないことを聞かされた。つる尾がめでたく身請けされ楼を出た、というのである。

へたりこむ亀三郎に、

「お客さん、ええ夢みたねぇ」

と鴇手婆《やりてばばあ》が引き立てるようにいった。

吉原の世界からいえばそのとおりなのだが、亀三郎は騙され裏切られた気がした。すごすごとひきかえし、数日間、下宿にこもった。世間の理屈でいえば、郭をぬけだしたつる尾は幸せにちがいなかった。しかし亀三郎は祝ってやりたい気持ちになれず、つる尾への交情とそのからだへの執着がたちきれず、悶々とするばかりである。

(もう一度、吉原へゆきたい)

わきたつ夏雲のような思いが亀三郎をかりたてた。

親に送金を頼んだが、ケイの反対でことわられた。下宿代も払えず、明日をもしのぐ金に事欠く有様である。四国に帰って、親に直談判するほかに金を手に入れる方法はなかった。とはいえ、帰郷する路銀もない。亀三郎は穂積陳重に借りることにし、大学の研究室を訪ねた。

「いくらお入りですかな」

でまかせの事情で窮状を訴えようとする郷土の後輩を手で制し、穂積は用立てる金額を訊いた。

「四円もあれば……」

「いいですとも、それくらいなら手元にあります」

穂積は終始、やさしい表情をくずさず、机の中から一円紙幣をとりだし、数えながら亀三郎に手渡した。倍の八円あった。

その金を懐にいれ、亀三郎は三年半ぶりに帰郷した。逃げ出た郷里へふたたび人目をさけ、金をねだりに帰ってきたのである。さいわい船は宵の口に伊予吉田の港の沖へ錨をおろしたので、亀三郎が小舟で上陸したとき、あたりはすでに暗くなっていた。宵闇《よいやみ》に乗じ物陰にかくれつつ街道をあるいた。故郷をなつかしむ余裕などはなく、借財の言い訳で頭をいっぱいにしながら長屋門をくぐり、出迎えた両親への挨拶もそこそこに寝床へかけこんだ。

翌朝、久しく忘れていた郷里の匂いで目が覚めた。山里も街道も桜が満開だった。亀三郎のへやも庭の桜の花びらのせいで明るく華やいでいる。うまくことがはこぶ気がした。

源次郎が隠居している離れの表座敷で、話し合った。

顔をそろえたのは、両親と跡取りの重治郎、それに亀三郎の四人である。庭の桜の花影が座敷にうつり、風がふきわたるたびにゆれる。山里のほうから鶯《うぐいす》の鳴き声がとどき、春を演出した。

大手をふって村の道を歩けるようになるまで帰ってくるな、と叱咤したケイはひと言も語らず、また何を尋ねることもなく口をとじていた。亀三郎は手紙に書いた文句をくりかえした。そして卒業までの二年間分の学資と下宿代で二百円の大金の仕送りを受けることで決着しした。これは事実上の財産分与で、末っ子の亀三郎は家督の一部を強引に横取りしたのだった。

東京に帰るとさっそく穂積のところへ行って四円返し、あとはしばらく待ってもらうことにした。

まとまった金ができたので、吉原へ行った。

遊び方はかわった。通うたびに楼を変え、なじみの遊女をつくらないようになった。春雷に浮かびあがる吉原、梅雨空に沈む街路、楼からながめる隅田川の花火、屋根屋根の向こうへ燃えるように落ちる晩秋の夕陽、そして降りつもる雪の気配を感じながら聴く新内流し。春夏秋冬、吉原は季節に応じた風情があり、女たちもさまざまであった。亀三郎は学校よりも吉原へ通う日のほうが多くなっていた。

この年の十一月、東京でコレラが大流行した。喜佐方村の山下家では、ケイが近くの雷神《いかずち》社へお百度参りをするようになった。ある朝、村人がケイに願いごとを訊いた。

「ろくでなしのどん亀が、コレラで死ぬるよう、雷様へお願いしとるとこですらい」

「ありゃ、こりゃぶったまげた」

と村人はケイの険しい表情にあとずさり、

「ほやけど、なんでコレラかいな?」

と首をかしげた。

「あんた知らんのかな。ほかの病で長患いしてもろたら困る。だれかが看病にゆかにゃならん。コレラはポックリ死ぬけん、だれにも迷惑はかからん。あの穀《ごく》つぶしはコレラで死んだらええ。みんなのためじゃ」

ケイは背筋をのばし傲然と言いはなった。

幸いにもというべきか、母の願いは届かなかった。亀三郎の吉原通いは翌年もつづき、二百円の大金はすっかりなくなってしまった。

明治二十年十一月。亀三郎はゆきづまり、学問をすてた。吉原におぼれるならとことんおぼれ、いっそ幇間《ほうかん》をして生きていこう、とそこまで思いつめる日々がつづいた。

源次郎から安否を問う手紙があったのはこのころである。亀三郎は雲間に光を見る思いがした。窮状をすなおにしたため、返事をかえした。おりかえし、今度は分厚い封書が届き、そのなかで源次郎は村井保固《やすかた》の消息をおよそ次のように書いていた。

アメリカにわたった保固は貿易商として成功し、森村組の幹部になった。アメリカ人からの信頼もあつく、牧師の令嬢キャロラインを妻に娶《めと》った。そして昨年十月、三度目の帰国をしたおり、実家の両親を京都へ招き名所旧跡を案内し御恩に応えた。両親が京へのぼる前日、有志が吉田町一の旅館にふたりを招待し、保固の出世を祝ったものである。

それから一年たったこの十月、保固は四度目の帰国をしている。保固はしばらく東京に滞在し、仕入れの仕事を指図している、と両親から伺っている。

（なんということだ！）

商売の成功もさることながら、保固がアメリカの女性を妻にしたことは亀三郎にとって驚きだった。この当時、文明国の白人女性を妻に迎えるなどということは、およそ考えもつかないことだったのである。

保固の場合、下宿先の娘キャロラインと恋仲になり、並みいる日本人のライバルに勝って恋愛結婚したので、在留邦人のあいだで羨望され大いに話題になった。国際連盟事務局次長など国際人として活躍した新渡戸《にとべ》稲造《いなぞう》とアメリカ人令嬢の国際結婚より五年も前のことである。

保固の消息のあと、「この際、気が向くときに森村組を訪ね保固に会ってみてはどうか」と源次郎は手紙で勧めていた。

藁《わら》をもすがるとはこのことだが、吉原遊びで身をもちくずしたような者に会ってくれるだろうか、という懸念や劣等感、それにやましい思いも先立ち、亀三郎はなかなか腰があがらない。

ところが、日雇いで食いつないでいるうちに、保固にどうしても尋ねてみたいことがふつふつ湧いてきた。娶ったのは牧師の令嬢である。

(ならば、保固の青春に女色の迷いはなかったのか?)

この素朴な一点の疑問だった。

京橋区木挽町九丁目に建てられた、れんが造り二階建ての森村組事務所へゆき、亀三郎が保固に会ったのは十一月末だった。

明治九年に森村市左衛門によって設立された森村組は、日米貿易の草分けである。市左衛門が蒔絵《まきえ》、花びん、小皿、古伊万里など古道具屋から仕入れた品をニューヨークへ送り、市左衛門の弟の豊《とよ》が六番街に開設した「モリムラ・ブラザーズ」という名の小さな店で、これらの品を売りさばいた。市左衛門に見込まれ、豊の片腕としてニューヨークに派遣されたのが保固である。

明治十六年、モリムラ・ブラザーズは保固の献策で小売りから卸売りへ転換し、さらに陶磁器の輸出をはじめて事業は大きく発展し、神戸に支店をかまえるまでになっていた。

「国内で、日本人同士が売り買いをしても、右のカネが左にゆくだけや。外国にモノを売って、カネを手に入れたら日本が豊かになる」

貿易に邁進する市左衛門のこうした信念を手助けしたのは、福沢諭吉である。市左衛門は横浜開港後、中津藩の江戸屋敷に舶来品を売りにでかけていたが、このとき、江戸の築地の鉄砲洲で蘭学塾をひらいていた諭吉と知り合い親しい仲になった。

日米貿易をはじめたころは為替取引がなかったので、市左衛門から相談をうけた諭吉は、政府がニューヨークの日本領事館の館員たちに払う給料を、モリムラ・ブラザーズがドルで肩代わりして領事館に払い、それと同額の日本円を外務省が東京の森村組へ支払うようにしてくれた。市左衛門にはまだ信用がなく、しばらくは毎月、諭吉が代わりに外務省へでむいて、金を受け取っていた。

保固は急速に発展する森村組の幹部になっていた。髭を口元にたくわえ、目は丸くひとときわ大きい。英会話は苦手だったが、身振り手振りを交えて話すと愛嬌があり、アメリカ人の顧客をしっかりつかんでいた。

この日、保固は濃紺の背広姿で亀三郎を迎えてくれた。亀三郎のほうは着流しに安物の帯をしめ、足袋に下駄ばきだった。伊達宗城に謁見するため父が送ってくれた羽織袴はとっくに質流れしている。

「人間、だれしも同じです」

近くの牛鍋屋で鍋をつつきながら、保固は疑問に応えた。

「君は吉原ですか。僕はね、道後に村井家の七人扶持七年間の金禄公債をみんなつぎこんでしまった」

というと、保固はからからと弾《はじ》けるような笑い声をたてた。

松山英学所から草間時福が去ったあと、保固は道後の遊郭へ通いつめ、養家の財産をすべて使ってしまった。悪行は吉田に伝わり、実家の父の逆鱗《げきりん》にふれた。つれもどされ、謹慎の身となったが、保固は養母光《みつ》のとりなしでふたたび英学所に復学した。その年の冬、光は持病が悪化し床に伏した。保固は吉田に帰り光の介護をした。冬のあいだ毎朝、川岸には光の汚れ物を洗う保固のすがたがあった。

元気をとりもどした光の理解をえて、保固は慶應義塾へ進学した。それで、悪所通いは卒業し、ひとつ大きくなったかといえば、そうではなかった。慶應義塾では親しくなった犬養《いぬかい》毅《つよし》とひんぱんに品川の廓《くるわ》へ出入りするようになった。

保固はこうした経験を語り悪びれる風はなかった。亀三郎の表情がやわらぐのを楽しんでいる。

「ある日、すっかり自己嫌悪におちいって、礼もわきまえず、福沢先生に愚問を発したことがあった。いまふりかえれば、若気の至りで赤面するが、品行方正な尾崎（行雄）は別格として、犬養にしろ僕にしろ、おおいに悩んでいたよ。君と少しも変わっちゃいないさ」

保固は郷里の後輩をいつくしむようにいった。

亀三郎は保固の人柄の大きさに魅了された。保固が語った福沢とのやりとりは次のようなものだった。

「先生、わたくしは自分をもてあましております。もう行くまいと決心しても、日がたつと我慢ができません。先生は若いころ、どうされていたのでしょうか。どうか、不肖の弟子ではありますが、わたくしをお助け下さい。先生のご経験をお聞きし、先生から学びたいのです」

福沢は保固のひどくまじめな顔をじっと見つめ、頰をゆるめた。

「そんなに我慢ができないのか」

「苦しゅうございます」

「ならば、自分で処理すればよいではないか」

「されど、女のからだの魔力にはとてもかないません」

「そうか、そんなによいものか」

「先生は、そうお思いになりませんか」

保固は眉をあげ、必至の形相である。

福沢は腕を組み、笑いたくなるのをじっとこらえ、

「よいものはよいに決まっているさ。しかし君がそんなにまで苦しんでいるのなら、私の若いころのことを話そう」

と、保固を正面に見すえて語った。

「中津では、若い者のなかに花柳界へ出入りする者も多くいたが、私はどういうわけか、いっこうに不自由を覚えなかった。それでよほど信用されていたらしく、福沢さん、うちの娘をつれていって下さい、とよく祭りや芝居の引率を頼まれたが、往復の道中もなんていうことはなかった。それから長崎や大坂で医者をめざす若者と共にすごした。医学生の話題というのはいつも性のことだった。それもずいぶん猛烈だ。昨夜はどこそこで遊んだ、どこの女がよい、などそんな話ばかりだが、私は関心がなく本ばかり読んでいた。浩然の気を養いに行け、と誘われたことは度々あったが、不自由を覚えないから行くこともなかった。君のように煩悶したこともなければ、苦しんだこともない。だから君の質問にどう応えたらよいか、ちょっと返答のしようがないんだ」

福沢はいかにもすまなさそうである。

保固はいった。

「先生は君子です。敬服いたします。でもわれわれ凡夫は先生のようにはいきません。性欲

を抑制するにはどうしたらよいか。教えてほしいのです」

「君はよほど強いんだね」

「わたくしは獣のように卑《いや》しいのでしょうか」

「いやいや、元気で頼もしい限りだ。でも自分で自制できないのならそりゃもう仕方ないじゃないか」

「仕方がないのですが、金がいります。その金がありません」

「だったら行かなければよい」

「それが辛いのです」

「ならば、せいぜい金をかせぐことだね」

と、道徳ではなく、功利で問答はけりがついた。

気分の晴れた亀三郎は、保固の世話で就職することになった。

世の中は出版物の増大にともない洋紙の需要が激増し、製紙ブームである。製紙会社がつぎつぎに設立され、洋紙の生産額はここ十年で四倍になっている。おりしも森村市左衛門が資本の大半をだした富士製紙という会社が設立されたばかりだった。本店は日本橋で、アメリカで製紙業を学んだ村田一郎という技術者が副社長についていた。保固はアメリカで村田と面識がある。

十二月の初め、保固は本店に亀三郎をつれてゆき、村田に会わせた。

「いま、うちには適当な働き口はありません。しかし村井さんの推輓《すいばん》なら断わるわけにはいきませんな」

と村田は少し困惑気味だった。

保固と知り合い、前が開けた気がしている亀三郎は明るい顔で面談にのぞんだが、

「日給、十七銭なら採用しましょう」

と、いわれ渋い顔になった。

「それで結構です。お頼みします」

と返事をしぶる亀三郎にかわって、保固が話を決めた。

おさまらないのは亀三郎である。外へ出ると、日給十七銭はひどい、と保固に文句をいった。日雇いでもそれほど安くはない。保固はたちどまり、後輩の肩に手をのせて言い聞かせた。

「君は金、銀、銅と貨幣に価値のちがいがあることは知っているだろ。君がいま鉛であれば、金で評価されて入社しても、やがて鉛の価値しかないことがわかって、鉛の待遇をうけることになる。だが、君が本当に金の価値がある人間なら、かならず金の待遇をうける日がくる。自分の評価は他人が決めるのであって、自分でするものではないんだ。これからは十七銭が増えてゆく楽しみがあるじゃないか」

「それは、いかにもそのとおりですが……」

と、亀三郎は声をくもらせる。理屈はそうだが十七銭は安い。

大通りには須原屋茂兵衛、本屋常助、山城屋佐兵衛、丸屋善七、須原屋平助などといった

書物問屋がならび、小倉の角帯をしめ、屋号をそめた前かけすがたの町人たちがせわしなくゆきかっている。

「僕も森村にはいったときは、あんな出《い》で立ちでしたよ」

すれちがう町人たちを目でさして、保固がいった。

森村組にはいった当初、保固は墨斗《やたて》（携帯用の墨の筆記道具）を腰にさし、地下足袋をはいていた。福沢が三井でも住友でも望むところを世話してやろう、とすすめるのを断わって、

「大店は半官半民のようなものですから、性に合いません。小さな店で丁稚奉公からはじめたいのです。どうかそのような店《ところ》を紹介して下さい」と頼んだ。

福沢は保固の心意気に感じ入り、貿易商を興したばかりの市左衛門に保固を紹介した。市左衛門は慶應義塾の卒業生といっても十分な報酬をさしあげられない、と念をおした。すると保固は、

「役人や教師にでもなれば同僚との釣り合いもありましょうが、わたくしは商売をまったく知りません。こちらが授業料をだして習いたいくらいです。だから報酬は不要です。寝るところがあり、食べて着るだけのお手当をいただければ結構です」

と応えたものである。

「村井が貿易をやる」という評判が慶應義塾にひろまり、犬養と尾崎が輸出品の荷造りをしていた保固の様子を見にきた。狭い店のなかで小簞笥、扇子、団扇《うちわ》、瀬戸物、玩具などの小物にかこまれ埃まみれになっている保固を見て、

「なんと、これが外国貿易か」

とあきれはて、それからしばらく慶應義塾では、

「村井は土方におちぶれた」

と噂になった。

こうした保固のかけだしのころの体験談は、説得力がある。亀三郎は納得し、富士製紙に丁稚《でっち》見習いとして就職した。

創立当初の富士製紙はボロクズや稲ワラを原料として更紙《ざらし》をつくっていた。日本橋の本店は問屋もかねていて、得意先から注文を受けたり売上金の回収もする。亀三郎は帳場の番頭に指図されながら、一日帳面付けをする毎日だった。なれると単純でまるで面白くない。すぐいやになったが、保固がアメリカから帰ってくるまで、じっとがまんをした。

無用な男

明治二十一年十月、亀三郎は富士製紙をやめると森村組本店へゆき、帰国したばかりの保固にいった。

「鉛のままで終わりました」

「なんだ、気の早いやつだ」

「あまりにも退屈です。いけませんか」

と亀三郎には悪びれた様子はなかった。

保固は苦笑し、髭をなでながら少し思案した。

「どうだ、せっかく洋紙の仕事をはじめたのだから、こんどは洋紙店で働いてみるか。洋紙を商うだけじゃなく、画集も出版しているところがある」

「画集というと書籍屋ですか」

「うん、大倉孫兵衛《まごべえ》洋紙店だ。ここは大倉書店の名で画集や本も出しているから君も知っているだろ。大倉さんはもともと絵双紙《えぞうし》屋だよ。御一新のころ横浜で外人相手に錦絵《にしきえ》を売っていた。同じ波止場で古道具を商っていた市左衛門さんと知り合い、やがて森村組の共同経営者になった人だ。君は法律学校に通っていたから、大倉さんならまず銅ぐらいの評価をしてくれるだろ」

「銅」といわれ、亀三郎の心がうごいた。それに出版社の大倉書店なら落第生の亀三郎でも知っていた。明治十年に開催された「第一回内国博覧会」の様子を描いた五十種以上の錦絵や、「大日本物産絵図」という錦絵シリーズは、ひろく国民に知られている。大倉書店はその後、画集、地図、学術書から辞典にまで分野をひろげ、草創期の大手出版社の一角をなすようになる。

保固は森村組の幹部として、孫兵衛とも旧知の仲だった。

「本は好きだろ?」

「好きというほどではありません」

「なに、嫌いでなければ上等だ」

と保固は太鼓判をおし、日本橋の大通り一丁目にある大倉孫兵衛洋紙店へ亀三郎をつれていった。

ところで少し話はそれるが、このときから十五年後の明治三十六年、孫兵衛は市左衛門や保固らと共同で「日本陶器会社」を設立する。それからさらに十年の歳月をかけ、孫兵衛は西洋のものとくらべて遜色のない純白硬質磁器を完成させた。この「ノリタケ・チャイナ」は一躍世界のブランドになり、日本陶器は日本の輸出産業の花形へのしあがる。

その大倉孫兵衛は亀三郎を月給八円で雇った。

「これで亀さんも落ち着くだろう」

保固は安心し、アメリカへ旅立っていった。

編集希望の亀三郎の仕事は、絵双紙部門の丁稚からはじまった。

通りに面した店頭に五段ほどの紐をピンと張って、錦絵や石版画を吊るし、店番をする。一歩はいった奥の棚には子供の絵本や雑誌類が積み上げられている。錦絵は両国の花火や銀座通りの景色などの東京風景や、力士や歌舞伎役者の似顔絵、それに婦女風俗画などであった。

まとまった注文がはいると、三泣車《さんなき》（丁稚の使う運搬具）に商品を積んで駅まで運んだり、問屋に届けたりする。また版下画工など出版関係者のところへゆき、店からの要望をつたえ、仕上がった作品を運んで帰る。動きまわっているほうが好きな亀三郎にとって、好奇心もそれなりに刺激され、飽きのこない仕事だった。

転職をきっかけに京橋区八官町の筆屋の二階に引っ越した。仕事にうちこみ、あっという間に半年が過ぎた。郷里でも亀三郎がやっと落ち着き先を見つけ、仕事に精を出しはじめた、と安心した。

ところが、である。生活が落ち着くと、

(はたして、これでよいのか?)

という不安が、頭をもたげてくる。

その居心地の悪い不安に背中を押され、不安を忘れようと吉原へいって茶屋遊びをし、楼にあがる。遊び方を覚え、おぼれることはなかったが、懐はいつも空っぽである。

明治二十二年夏、突然、編集の仕事がまわってきた。

書店では工業デザイナー向けの資料集を発刊することにしたが、みんな手がいっぱいで編集する者がいなかった。そこでひとつ山下にまかせてみよう、ということになったのである。絵師、版下画工、彫師《ほりし》、それに摺師《すりし》は決まっていた。資料集に載せる模様柄も正倉院の鏡箱模様、能衣装、光琳《こうりん》の蒔絵、厳島《いつくしま》神社の経巻模様、障子の透《す》かし彫《ぼ》りなどおもなものは孫兵衛の義弟の大倉保五郎がえらんでいたから、編集といっても目次をつくるぐらいだった。それでも店番とはちがう。亀三郎は意気に感じ、半年あまり出版の仕事に専念した。この資料集は明治二十三年四月、『日本模様鑑』のタイトルで上梓《じょうし》された。奥付には、「発行兼印刷者・大倉孫兵衛、編集者・山下亀三郎」と記された。

郷里の父と、幼なじみの吉次郎にそれぞれ一冊送った。

吉次郎は師範学校をおえて、伊予大洲にある高等小学校の訓導になっていた。すぐに礼状がとどいた。休日はあちこちの演説会に登壇し、欧米文化になびく田舎の知識人を罵倒し、日本文化を鼓舞鼓吹している。その意味で、亀三郎の手になる資料集は誠にありがたい。おおいに宣伝しておく、と書いてあった。

また源次郎からは、視力がよわって字が読みづらくなったケイが、本をなでまわして喜んでいる、と母のようすを伝える便りがあった。

これで保固の敷いたレールにのり、いよいよ出版人としての前途が拓けてゆくはずであった。しかし、そのようにはならなかった。もって生まれたものなのだろう。亀三郎の一所不住の気質は、かたく平凡に生きることをこばむのである。

世間的な仕合わせのなかにはいると、またしても漠とした不安が胸をよぎり、「逃げだせ、逃げだせ」とそそのかすのである。それになによりも吉原の女たちとすごす愉しみを知れば、浮世の人情はいかにもせちがらく、勤め仕事だけでは気が休まらない。亀三郎は麴町《こうじまち》有楽町の下宿屋に転居し、また吉原通いをはじめた。

編集の仕事が途切れた明治二十三年十二月、亀三郎は洋紙店をやめて金がなくなるまで吉原に逗留した。一文もなくなって下宿に帰ると、主人がためこんでいる下宿代を請求した。

「大晦日までにはなんとかする」と、応じたもののあてはなく、腹をすかせたまま年末になった。

「払えないなら出て行ってくれ」と、主人は頭から湯気をたてて言い放った。

仕方なく表にでると、「金ができたらもどってこい」と、ぴしゃり、玄関をしめる音が亀三郎をうった。

ゆくあてもなく、年の暮れの街をさまよい歩き、足のむくままに行きついたのが築地本願寺だった。参道には屋台がならび、除夜の鐘を聴き新年を境内で迎えようとする人々でいっぱいである。亀三郎は親鸞上人像の台座の石に腰をおろし、あれこれ金策を思案した。座って人ごみをながめていたが妙案は浮かばない。そのうちに鐘楼の鐘が重々しく鳴りはじめ、すきっ腹をふるわせた。

夜明け前まで境内のすみで夜露をしのぎ、明るくなると築地の河岸へ出かけて初日を拝んだ。それから知らん顔で下宿にもどり、

「あけましておめでとうございます」

と他の下宿人にも声をかけ、座敷にならんだ膳の前に座ろうとした。

「なんだね、あんた。泥棒猫じゃあるまいし、ここは祝いの席だよ。下宿代を払えない者に施しをする気はないから、とっとと行ってくれ」

と、おひつを腕にかかえた女将が亀三郎をみとがめた。

下宿人たちの非難がましい視線を背にあびながら、二階にかけあがった亀三郎は布団にもぐりこんだ。

翌日、身の回りのものを質入れして下宿代をはらうと、残った金をもって横浜へいった。なんのあてもなかったが、ここは洋風の建物が建ちならぶ外国への出入口である。晴れ着姿

の娘たちが三々五々ゆきかい、脚の長い異人たちがゆったり散歩をしていた。ふとどこかに保固がいそうな気がして、亀三郎は港町を歩き回った。アメリカゆきの船に乗る波止場へゆくと、たくさんの凧《たこ》が青い空に舞い、海面にはカモメが群れ飛んでいた。町は正月気分でまだのどかである。

その仕合わせな気分からひとりはずれ、亀三郎はとおく水平線をながめながら行き先を考えていた。駅舎にひきかえし、神戸まで開通して間もない東海道線の駅名を目でなぞった。そしてなんとはなく名古屋へ行くことにした。

大倉洋紙店につとめ書籍部で出版の仕事をしていた、というと間借りができた。人夫をして食いつなぎ、それから神戸へ流れ、沖仲仕《おきなかし》の子分になって艀《はしけ》にのった。海上から夕空を目にするつど、亀三郎は郷里へ向かってかけだしたくなるのをじっとこらえていた。いま帰れば、口にはださずとも村人から「どん亀」呼ばわりされるにちがいなかった。小金をため、踵《きびす》を返すと名古屋へもどり、そしてふたたび横浜へながれついたのは明治二十四年の五月のことである。山下亀三郎は二十四歳になっていた。一介の放浪者であり、明治の世に、まだまったく無用な小者であった。

いっぽう前年の七月、秋山真之は四年間首席を通した海軍兵学校を卒業し、海軍少尉候補生に任じられ、海防艦「比叡《ひえい》」に乗り組んでいる。明治国家のもっとも光のあたる舞台に立った真之と、陋巷《ろうこう》に逼塞《ひっそく》していた亀三郎の出会いはまだまだ先のことである。

第二章　有為転変

かっぽれ

横浜にまいもどってしばらく経った日のことである。

雨上がりの水たまりをさけながら伊勢佐木のほうへ下る道を歩いていると、「亜米利加満《マン》俺《ガン》貿易商会」という看板が目にとまった。

「満俺」が読めない。はたと足をとめ、看板を見つめながら亀三郎は首をかしげた。日雇いを休み、職探しをしていたせいもある。入口に立ち、店の奥をのぞいてみた。土間に机がならび、丁稚らしき若者が数人、帳面をつけていた。亜米利加と書いてあるから、ここで働けば保固のようにアメリカへ行けるのだろうか、とそんな期待が頭をよぎった。視線を看板にもどし、しげしげ見つめていると、背後で、

「君、なにか用かい」

と、太い声がした。

ふりむくと、うしろに洋装の男がいた。真っ白なシャツに臙脂《えんじ》の蝶ネクタイをし、いかにも舶来好きな顔である。男は亀三郎の全身をなめるように見て、訊いた。

「いい歳のようだが、いくつかな？」

数えで二十五だ、と応えると、男はうすい唇をかるく嚙み、なにか思案する様子だったが、

「まあ、君、茶でもどうだい」

と、店の中へ誘った。

男は池田文次郎といい、貿易商会の店主だった。店は鉱石の満俺を買い集めアメリカへ輸出しているので、池田は栃木の山奥へ出かけることが多い。商いは順調なので事業をひろげるため、自分にかわって山へでかけ、満俺の取引ができる目端《めはし》のきく若い番頭を池田は求めていた。

するとこの日、たまたま亀三郎が店の前に現われたのである。大倉洋紙店で奉公した経歴を買い、池田は見ず知らずの亀三郎を月給十五円で雇うことにし、真砂町三丁目にある一軒家を世話した。古い木材を寄せあつめた新築で、一階は玄関と三畳に四畳半、二階は六畳という造りである。家賃は五円。

家をあたえられ、亀三郎はやる気がわいた。

仕事は満俺のブローカーである。取引のある採掘場所は栃木の山のあちこちに散在していた。夏のあいだ、池田のあとについて山にはいった。馬の背にまたがって渓谷をわたり、いくつもの峠をこえて採掘現場へゆき、鉱夫の親方と交渉する。馬に乗るのははじめてだった

が、乗りなれると便利で気分のよいものだった。池田から鉱石の知識を教わり、取引の基本的なコツを覚えた。買いつけた満俺が港の倉庫に運ばれてくると点検し、貨物船につみこむまで立ち会った。

訓導、店員、出版業の編集者、日雇い人夫、撒水夫、点灯夫、それに沖仲仕など食べるためにはなんでもしたが、このブローカーという仕事が亀三郎の性分にもっともあっていた。とりわけ馬にまたがり採掘現場をたずねる毎日は、かれの好奇心をおおいに満足させた。

いっぽう、このころの日本は近代国家建設の最中である。鉄道がのび、紡績業を中心に産業革命がすすみ、貿易拠点の横浜は近代国家日本の先端地域として、繁栄のただなかにあった。

十二月にはいると、宴会が多くなった。

横浜住吉町の高級料亭「千歳《ちとせ》」でひらかれた年の瀬の宴会に、池田は亀三郎をつれていった。この「千歳」の女将はおこうといい、若いころ、伊藤博文、山県有朋《やまがたありとも》、大隈重信《おおくましげのぶ》など明治の元勲から寵愛され、政治の裏面史を彩った女傑でもある。おこうの名と人脈で「千歳」は時の政財界の実力者がつかう料亭になっていた。

ふたりはすこし早めに出かけたが、着くとすでに玄関から庭先まで、商家の旦那や番頭たちであふれていた。

この日、「千歳」の広い座敷の上座に陣取っていたのは、石炭商から身を立て、金融ブローカーとして横浜の経済界を牛耳っていた平沼専蔵《ひらぬませんぞう》である。宴がはじまると、平沼のところへ大勢の者が酌《しやく》をしようと押しかけた。池田もころあいをみはからって、亀三郎をしたがえると平沼の席へにじりよった。やっと人垣のすきまに身体をいれ、

「平沼様、どうぞお受け下さい」

と、銚子をさしだした。

平沼は池田のほうをふりむいた。かたわらの芸子の肩にまわしていた腕をおろし、じろっと池田を見た。

「どうか、平沼様」

池田は身をちぢめ、酔顔の平沼を仰ぎ見た。

「おう、文次郎か」

平沼はおうように応じ、

「カメ、おまえかわりに受けろ」

と、芸子カメの小さな手をつかみ、ぐい呑みをおしつけた。

池田の背後にいた亀三郎は一瞬、自分がよばれたと思い、あわてて池田の横にすすみでた。

突然あらわれた若者を見て、

「なんだ、おぬし！」

と、平沼は白眼をむいた。

両手を形よくそろえ、酌をうけるかまえのカメも、そのままの姿勢で亀三郎を見つめている。いい女である。

「とんだ失礼をお赦しください。手前は番頭の亀三郎と申します。主人からつねづね亀と呼ばれており、つい手前のことかと、勘違いをしてしまいました」

早口で言い訳すると、亀三郎は額を畳にすりつけた。

「あらまあ、お客様も亀さん。うちもカメ。よろしく」

カメが明るい声で座をとりなした。

「そうか、おぬしも亀か。亀もいろいろじゃの」

平沼は芸子と亀三郎を見くらべ、ぐい呑みをもつカメの手をぐっとひきよせ、なめるような頬ずりをした。それから、

「さあ、受けろ」

カメの白くふくよかな手を、池田の前へさしむけた。

池田がほっとした顔でカメに酌をすると、平沼はカイゼル髭をなでながら亀三郎に注文した。

「おぬし、なかなかの面構えじゃないか。どうだ、あいさつがわりに何かやらんか」

「はい……」

かしこまったものの、どうすべきか、亀三郎は迷った。

「このほうはまだまだ不作法者でございまして、端唄《はうた》のひとつも知りはしません。よろしければ私が……」

そばで池田が助け舟をだした。

「ちぇっ、文次郎、お前の唄など聞きとうないわ」

「おそれいります」

池田は首をすぼめ、亀三郎の脇腹をつついて、一緒に頭をさげるよう促した。ふたりが顔をあげると、

「うち、亀さんの唄ききたい。ねえ、旦那様、なにか唄ってもらいましょうよ」

カメは平沼に寄りかかり、甘ったるい声でねだった。平沼は目じりを下げ、カメをひきよせながら、

「どうだ、亀。こんな見目好《みめよ》い娘《こ》がお前にたのんどる。下手でよい。なにか唄え」

平沼は命令口調になった。こうなると、無芸を装っているわけにはいかなかった。

「では、かっぽれのさわりをすこし……」

「まあ、かっぽれ！」

カメは大金を前に積まれたような声を出し、朱色の帯紐を平沼にといてもらうと、亀三郎にわたした。機を見て、カメのそばの芸子もこっそり下帯をほどいた。亀三郎は袴のすそをまくりあげ、下帯で「ななめ十字」の襷《たすき》がけをした。そして朱色の帯紐で頭にねじりはちまきをつくった。平沼は手を打ち鳴らし、座敷のざわめきを静めた。金屏風の前の年増芸者が三味線をつまびいた。

亀三郎は「えいっ！」とばかりに声をはりあげた。

「かっぽれ、かっぽれ、よ〜い、よいよい。沖が暗いのに白帆がみゆる。あ〜りゃ、そ〜

りゃ。かっぽれ、かっぽれ。惚れてかよえば、千里も一里。あえずに帰れば、また千里。あ〜りゃ、そ〜りゃ。かっぽれ、かっぽれ」

唄にあわせて、手をふり脚をあげ、くるりとまわる。

吉原の幇間《ほうかん》おどりと、よく知られた都々逸《どどいつ》の文句をかさね、かっぽれのリズムで唄い踊った。旦那衆も番頭もつられてたちあがり、座敷はたちまち「かっぽれ、かっぽれ」の大合唱である。

「恋にこがれて鳴くせみよりも、なかぬ蛍が身をこがす。あ〜りゃ、そ〜りゃ。かっぽれ、かっぽれ、よ〜い、よいよい……」

宴会は盛り上がり、平沼は御機嫌だった。池田は亀三郎の隠し芸を高く買い、月給を二十円に引き上げ、さらに賞与を五円だした。

その五円を手にした日、亀三郎の借家に来客があった。

遠縁で同郷の古谷《ふるや》久綱《ひさつな》という青年である。亀三郎の母ケイは、古谷家の親戚筋から山下家へ嫁いだので、両家は姻戚関係にあり、つき合いも深い。久綱は明治七年生まれなので、亀三郎よりも八つ歳下だった。

久綱は働きながら同志社予備学校で学び、優秀な成績で卒業した。新設されたばかりの政治学科へ進学しようとしたが、金がなかった。親類縁者を見回し、多少でも金のありそうなのは、横浜の貿易商会の勤め人になった亀三郎だけである。そこで学資の支援をとりつけるためにやってきたのだった。

久綱は卒業証書を亀三郎に見せた。亀三郎は手にとって証書を口にだして読んだ。

「ようやった。えらいもんじゃ」

と褒《ほ》めたが、面はゆく、忸怩《じくじ》たるものもある。細面《ほそおもて》の亀三郎とはちがい、久綱はあごが張り、いかにも意志がつよそうな顔立ちだった。

「亀三郎さん、うちの親はようださんというとります。現金収入ゆうたらほそぼそやっとる養蚕だけやから、無理もありません。なんとかなりませんやろか」

久綱は仏を拝むような顔をした。

頼ってくれるのは有難かった。それに歳下とはいえ郷里の者から「どん亀」ではなく、「亀三郎さん」とまともに呼ばれたのは嬉しかった。しかし、いざ支援となると自信がない。ゆくゆくは独立をしたいので、亀三郎もできるだけ資金を貯めておく必要があった。

それにもうひとつ、「千歳」の芸子朝倉カメに亀三郎は惚《ほ》れていた。

「わしはいつまでも勤め人をする気はない。独立して金をつくり、大きな船を買って世界にのりだすんや。ついてきてくれるか」

と、雲をつかむようなことをいって口説くと、

「うちが好きになった男《ひと》だから、あんたならきっとお大尽様になる」

とカメは亀三郎を信じ、匂いたつからだを寄せてきた。

それゆえ金は一銭でもほしいのだが、久綱の申し出をむげに断わることもできない。

出前の寿司を馳走して歓待しながら、亀三郎はちょっと呑めない条件をだし、久綱の反応

を見た。

「どうだ、君が同志社を卒業したら、一身を僕に託す、という証文が書けるかね」

久綱は箸をおき、口の中のものをごくんとのどにながしこんだ。

「自分は政治家か、新聞記者になるつもりです」

「それは見上げたものだ。だが学資の仕送りを条件に、しばらくは僕がはじめる事業を手伝ってもらう。これでどうだ」

「……即答できかねます」

「なに田舎に帰って、親とよく相談してから返事をくれたらいい」

無理難題を承知のうえで亀三郎は申し伝えた。

翌朝、郷里にかえる久綱に亀三郎は十五円ほど手わたし、入学金の足しにするようにいった。それから母へ一筆したためた手紙と五円札を一枚封筒にいれ、山下の家へ届けるよう久綱にたくした。

〈母上様、亀三郎はおかげさまで壮健この上なく御座候。この度思いがけない昇給に預かり候、これも母上様のおかげ故五円札を同封致し候。これでどうか飴でもなめて頂きたく候〉

数日後、郷里で源次郎に手紙を読んでもらい、五円札を手にしたケイは、

「亀がわたしに金を送ってくるとはのぉ。ひょっくらたまげるとはこのことよ。これは飴を買うどころの話ではない」

とびっくりし、感激もひとしおである。

ケイは五円札で綿糸を買い、木綿縞《もめんじま》を三反織らして袷《あわせ》の着物を仕立てさせた。跡取りの重治郎をよび、

「これは亀が送ってきた金でこさえたものや。山下の家の金ではない。わたしが死んだら、棺をかついでくれた者に、亀の金でこさえたこの袷を一枚ずつやってくれるか」

とことづけた。

独立

年が明けた明治二十五年春、亀三郎は横浜の借家でささやかな祝言をあげた。祝いの席に集まったのは、媒酌人の池田文次郎夫妻、職場の貿易商会の同僚三人、それにカメの母親である。そして平沼は目をかけたカメが所帯をもつというので、破格の祝金をだしてくれた。

結婚を機に亀三郎は満俺を買いつける仕事をまかされた。ひと月の大半を栃木の山奥ですごし、取引のあいまをみて新居に帰り、また山へもどるという生活が一年つづいた。

明治二十六年夏、文次郎は平沼貯蓄銀行から融資をうけて事業をひろげた。買いつけ先は青森にまでのびた。ところが、それから三月もたたない初秋のことである。亀三郎が十和田湖から八甲田山系へわけいり、温泉宿に逗留していると、文次郎から会社が倒産したので手仕舞いをして帰れ、という電報があった。

横浜にもどって事情がわかった。主要な取引先が不渡りを出し、そのあおりで亜米利加満俺貿易商会もつぶれてしまったのである。

さいわい亀三郎には手持ちの資金があった。

「カメ、いよいよ独立じゃ」

「なにをなさいますか」

まだ初々しい妻が不安そうにきいた。

「洋紙の商いなら覚えがある。日本はいま文明開化じゃ。横浜を手はじめに、日本はこれから洋紙を使う時代になる」

亀三郎は将来を展望した。

年が明けた二十七年、亀三郎は太田町に家賃十五円で商家を借り、小僧を二人雇って洋紙問屋「山下商店」を開業した。郷里に知らせると、源次郎はことのほかよろこび、末っ子が所帯をもった祝いもかねて上京してきた。

亀三郎は父を歓待し、一日、横浜の街を案内した。嫁のカメは手作りの馳走で義父をもてなした。

源次郎は酩酊《めいてい》し、もっともらしくいった。

「亀三郎、商いの大成は品位品格にあらい」

「大倉さんの店でも商売は徳義を重んじるべし、と教わりました」

「そのとおり。福沢先生はの、商工の働きを取って、士族の精神に配合するのが日本の発展になる、といわれる」

酔いも手伝い、源次郎は愛読している福沢の書物のなかの言葉を披露し、文明開化の横浜で独立した息子を激励するのだった。

　翌日から、亀三郎は洋装に身を正し洋紙の売り込みをはじめた。役場、病院、学校、印刷所、教会、公会堂、小売店など思いつくところに足を運び、仕入れた洋紙を卸《おろ》した。代金は後払いである。

　卸先そのものは順調に増えた。ところがどこもまだ和紙だけを使っており、卸した洋紙は積んだままである。これでは代金回収のしようもない。さらに邪魔になるから引き取ってくれ、とつき返される卸先も増え、山下商店のなかは在庫の山になった。士族の精神だけでは物は売れないのである。半年も経つとにっちもさっちもいかなくなった。小僧にひまをだし、店を閉じた。貯蓄銀行に三百円をこえる借金がのこった。

　師走にはいって間もない夜半、人目をさけながら大八車を引き、亀三郎は家財道具をこっそり転居先の借家に運んだ。

　目をさますと、カメが目を赤くはらしていた。新居は町の中心街からとおくはなれている。惚れて一緒になったとはいえ、夜逃げ同然の引っ越しである。女房が泣くのも無理はない、と亀三郎もしんみりした。

「しばらくの辛抱だ。こらえておくれ」

　両手をひきよせ抱こうとした。カメは幼児のように夫の腕のなかでいやいやをする。

「うち、あんたの助けになれないわ、ごめんね」

「そんな心配いらん。カメはなあ、いつもきれいにしていたらええ」

「でもあんた、前のお邸《やしき》、だれがお住みと思う？」

「前の邸、そういえば、豪勢な石積みの邸があったな」

大八車をひき、坂道をのぼってくると、月明りに亀甲《きっこう》模様の石積みが浮かびあがってきた。

その擁壁《ようへき》は背丈ほどあり、そびえたつ邸の日本瓦がしらじらと光っていた。

「お邸は貯蓄銀行の頭取の本宅ですよ」

「えっ、平沼専蔵の？」

「はい、平沼さまのお住まいです。千歳の芸子のカメと名乗れば、会ってくださるかもしれません」

「会ってどうする」

「平沼さまなら、わたしらの力になってくださるわ」

「そんな、子どものようなことというたらいかん」

亀三郎はカメをひしと抱きよせた。頬ずりをしながらさとした。

「働いて返す。情けにすがったら負けや。通りで平沼に会っても、わしは胸をはっていたい。借金なんかで頭は下げん。わしが頭を下げるのは商機と見たときや。カメ、ように覚えといてくれ」

夕方、ふたりは前の大通りに出てみた。野毛坂の交差点に擁壁をめぐらせた平沼邸は、四方を見下ろしそびえ建っていた。ふたりの住む陋屋《ろうおく》にまで邸の影がかかっている。

その陋屋の玄関にかける表札をめぐって夫婦は諍《いさか》いをした。「山下亀三郎」と前の商家にかかげていたものを使おうとして、カメが反対した。借金とりからのがれて引っ越してきたのである。表札をかかげれば居場所を教えるようなものだ、といってきかなかった。そこで亀三郎は古い表札の表面を鉋《かんな》でけずると、「妻　カメ」と墨で書き、柱にうちつけた。

世は日清戦争の最中である。亀三郎にも転機が訪れようとしていた。

伝手《つて》をたよりに仕事をさがしていると、横浜に本店がある竹内兄弟商会が雇いたいといってきた。満俺《マンガン》売買の経験を買われ、石炭部の番頭に迎えられたのである。村井保固《やすかた》の世話で就職した富士製紙からはじまり、自営もふくめ二十代の九年間で五度目の転職となった。

さいわい戦争で石炭の需要が急増し、商いは順調だった。給料はこれまでにない高給となり、借金をかえす目途がたった。亀三郎は山の手から港が近い宮崎町へ借家をさがし、引っ越してきた。

年が明けた明治二十九年、ペリー来航からおよそ半世紀がたち、近代日本の海運は黎明期を迎えようとしていた。

横浜の町が春霞にけむる三月十五日のことである。港の波止場は、朝から着飾った人々と大勢の見物客であふれていた。日本郵船の「土佐丸」がいよいよ欧州航路へ旅立つというので、その壮行式と「土佐丸」をひとめ見ようと、物見高い浜っ子たちが花見気分でおしかけていたのである。

「土佐丸」は日本郵船が明治二十七年にイギリスの海運会社から買い入れた五千四百トンの貨客船である。創業者の岩崎弥太郎が土佐出身であることからこの船名がついた。創業からこの日まで、日本郵船は政府の支援をあおぎながら、欧米航路への進出を目論んできたのだった。

出航する「土佐丸」の寄港地は神戸、下関、香港、コロンボ、ボンベイ、スエズ運河北端のポートサイド、ロンドン、そしてベルギーのアントワープだった。復路では往路の上海とともにロンドンがはずされている。欧米の海運会社が同盟をむすび、既得権を主張して新興国日本の進出を阻止したからであるが、日本の近代化にとって、欧米をむすぶ航路の拡充は時代の必然であった。

この年、日本郵船は「土佐丸」につづいて欧州航路の定期船を大幅に増便し、さらに北米のシアトルへも航路をひらいた。また二年後の明治三十一年、渋沢栄一や浅野総一郎らによって設立された東洋汽船は、日本とサンフランシスコをむすぶ路線を開設した。産業革命の進展にともない、島国の日本は本格的な海運の時代へはいってゆくことになる。

祝賀ムードにわく港のにぎわいが宮崎町の借家にも伝わってきて、亀三郎はそわそわと落ち着かなかった。港の空に花火がこだまし、軍楽隊が「貿易繁盛愉快節」を演奏しながら行進をはじめた。

「……通商繁盛なるにつけ　わが製品の輸出品　海外いたらぬ国もなく　その商権の雄々しさを　眼に見ることの嬉しさよ　貿易ますます繁盛する　愉快愉快大愉快　土佐丸万歳万々歳……」

ついにいてもたってもおられず、亀三郎は波止場へ行こうとしたが、雑踏で近づくこともできない。

花火が二発三発とつづけざまにあがり、万歳三唱の歓声とともに汽笛が響いてきた。亀三郎はたまらず、借家の裏手の伊勢山大神宮の丘へとかけだしていた。

丘の上からは、鉄製の大桟橋をはなれ、青い海原へ出港してゆく「土佐丸」が手にとるように見えた。四本マストのそれぞれのてっぺんには「日の丸」がひるがえり、マストの間にはりめぐらされた万国旗が波がしらのごとくはためいていた。

(なんと勇ましいことぞ!)

亀三郎の脳裏に久しくわすれていた藤原純友の英姿が浮かんだ。家出同然に郷里をとびだしてきたときの燃えるような野心がよみがえり、身体がぶるぶるふるえた。

(いまに見ておれ。やがてわしもあのような船をもち、わしの船で横浜とロンドンをむすんでみせる)

夢か空想か、石炭商人としてまだまだ青二才の亀三郎は、大志を胸に丘に立ちつくしていた。

山の手の借家でひっそり暮らしているあいだにみごもっていたカメは、土佐丸の出航を見届けた翌四月、男の子を産んだ。このころ、東京大学の穂積陳重《ほづみのぶしげ》をとおして同郷の児島惟謙《こじまいけん》の存在を知るようになった亀三郎は、貴族院議員になっていた児島をはじめて大森の自宅に訪ね、息子の名付け親になるようにたのんだ。

大津事件のおりに大審院長として司法権の独立をまもった児島は、「護法の神様」とよばれるほどの法曹界の大立者である。穂積は亀三郎のことを書生時代、旧宇和島藩主伊達宗城から薫陶を賜ったことのある青年だと伝えていたから、児島もむげに断わるわけにいかなかった。

宇和島藩を脱藩したおりの変名を明治の世でもそのまま使いつづけた児島は、幼いころ里子にだされたりして姓名でも苦労をしている。

「だれもが親しめる名がよい。貴公が知る名をあげてみろ」

児島は目の前でかしこまっている亀三郎をうながした。

亀三郎は目を宙に泳がした。すぐに浦島物語がうかんだ。

「太郎……」

「うん、それだ、太郎だ」

児島は一太刀《ひとたち》あびせるように断言した。

商機

戦勝国日本の経済は上げ潮である。清がはらった賠償金は巨額だった。政府はそのおよそ八割をつかって軍備の強化につとめ、そのうちのほとんどを海軍拡張についやした。エネルギー源の石炭の需要は急増し、石炭業界は好景気にわいた。二年余り亀三郎は昼夜を分かたずはたらいた。人脈はひろがり、多少の貯えができた。

明治三十一年春、亀三郎は竹内兄弟商会から石炭部を独立させ、部内の小僧と職員をそのままひきとり、港に近い南仲通に横浜石炭商会をたちあげた。そして取引先へあいさつに出向いた帰り途《みち》、大森の児島邸を訪ねた。

亀三郎は得意になって、横浜石炭商会の仕事を話した。児島にしてみれば、ふところに小鳥が飛び込んできたようなものである。

「石炭はそんなに儲かるのか」

「はい、それはもう、うなぎのぼりです」

「うなぎ、ときたか」

児島はすっかり白くなった眉毛の下の目をほそめた。郷里《くに》では「どん亀」とよばれ、嗤《わら》われていたとも聞いている。しかしいまそうした面影はみじんもなかった。顔は浅黒いが、まっすぐな気性が表情によくでている、と児島は亀三郎のことを思った。

(だれかにひきあわせてやろう)

脳裏に浮かんだのは今西林三郎だった。五代友厚《ごだいともあつ》のあとをつぎ、大阪商工会議所の会頭をしている土居通夫《どいみちお》がひきたてている同郷の商人である。脱藩組の土居と児島は共に坂本龍馬に共鳴し、幕末から御一新の世をかけぬけてきた親友同士でもある。土居は産業界へ身を投じ、児島は法曹の世界で生きてきた。数年前、大阪の堂島にある土居の私邸で関西の事業家たちと会食したおり、刺《し》を通じてきたのが今西だった。自分のことを石炭問屋だと名乗った。

「今西林三郎という商人が大阪にいるが、どうだ、会うかね」

「大阪の今西様?」

「同じ宇和島の男で、石炭を商っているというから、貴公の大先輩だ」

「そのようなお人でしたら、ぜひにも」

亀三郎は身をのりだした。

会社設立当初の忙しさが一段落すると、亀三郎は児島の紹介状をふところにいれ、汽車で大阪へ下り今西林三郎に会った。

今西は廻漕問屋から身をおこした商人である。綿糸の売買で大いに儲け、その後はじめた石炭の商いでは西日本の各地に太い流通網をきずいていた。阪神電鉄の創業にも参加し、土居通夫の信頼もあつい。

児島の紹介状がものをいい、今西は淀屋橋近くの料亭に一席設けて亀三郎をもてなした。今西は敬服する土居会頭の好きな長唄の曲目を得意そうに唄った。亀三郎が赤褌《あかふんどし》一枚でかっぽれの裸踊りをすると、今西は勝ち誇ったような顔で亀三郎を側に呼びつけ酌《しゃく》をした。

それから三ヵ月たった盆明けの日、亀三郎は今西からつぎのような内容の手紙をもらった。

福沢諭吉の娘婿の福沢桃介《ももすけ》が、友人の松永安左衛門《やすざえもん》という人物と一緒に神戸で石炭の売買をはじめることになった。会社はふたりの名前をとって「ゼネラルブローカー福松商会」というが、どうやら福沢が同じ慶應義塾の後輩の松永のためにはじめた会社らしい。しかし、いくら福沢桃介が名門とはいえ、慶應義塾や福沢の名刺だけで石炭のブローカーができるはずはない。当方に一言あいさつでもあれば、便宜を図ってやることは吝《やぶさ》かではないのだが……。

二度三度、読みかえすと亀三郎は瞳をあげ、「カメ、商機だ！」と叫び、手紙をにぎりしめ、台所へはしった。「福沢桃介に会えないものか」と、カメに手紙を読ませ、意見をもとめた。桃介が福沢家の養子であることぐらいの知識はある。

「雲の上のお人ですよ」と、カメはそっけなく応えた。

「そりゃわかっとる。だからまず配下の者にでも……」

「だったら、この松永安左衛門さん、役者みたいなお名前だけど、このお人にお会いになったらいかがですか」

「うん、安左衛門か。どんな人物かさっぱりわからんな。今西さんにしてみれば、福沢の名前は天下御免じゃから、福沢桃介に近づきたい。それで暗に、わしになんとかならんか、ということや」

「やはり福沢さまですか？」

「そりゃそうだ。ただ福沢に近づくには堀を埋めにゃならん。今西さんがチャンスをくれた。わしはものにしてみせるぞ」

亀三郎は闘志を燃やした。

いろいろ手を尽くし、福沢桃介と松永安左衛門のことを調べた。桃介は亀三郎より一つ年下の慶応四年生まれ、安左衛門は八つ下の明治八年生まれだった。郷里は埼玉と長崎で異なるが、慶應義塾がふたりをつよく結びつけているらしい。

今西にたのむと、土居会頭をつうじて、福沢の配下で三田に住む稲垣吉蔵という人物を紹介してくれた。亀三郎は相応な手土産をもち、稲垣の家を訪ね、神戸で事業立ち上げの最中である松永安左衛門宛ての紹介状を手に入れた。

ここからが、いよいよ一生一大の大芝居である。神戸に電報をうち、一流旅館「花屋」を予約すると、紋付の羽織袴に身をつつみ汽車で神戸に急いだ。昼過ぎ、旅館にはいると硯と筆をもってこさせ、巻紙に勢いのある字で一筆したためた。宛名書きは、

「松永安左衛門御主人様御侍史《おんじし》　山下亀三郎拝」

とへりくだり、稲垣の紹介状といっしょに旅館の女中にもたせ、松永が定宿にしている旅館へつかわせた。

いっぽうの安左衛門は、桃介の世話で日本銀行にはいり、総裁の秘書役にしてもらったが、仕事はなくやたら退屈だった。北海道汽船会社の幹事で東京事務所長をしていた桃介に相談すると、日銀をやめ独立するなら石炭がよいだろう、ということになり「福松商会」をおこした。

安左衛門の実家は、長崎の壱岐で海運会社をいとなむ豪商である。慶應に在学中に父が死去したため、壱岐に帰りしばらく事業をひきついでいたが、弟にゆだね、大学に復学した。それゆえまったくの藤四郎ではなかったが、石炭商人の世界は海千山千の食わせ者ばかりである。どこへいっても「ぼんぼん」あつかいで、まともになんか相手にしてくれなかった。

そこに、「御主人様御侍史」と記した書状がとどいたから、安左衛門はまんざらでもなかった。手にしているだけで、いささか天にも上る気になる。見も知らずの相手だが、ちゃ

んとした紹介状があり、巻紙には「こちらからお伺いすべき処、誠に恐縮の極みではありますが、是非御来駕《ごらいが》賜りたく伏してお願い奉り候」とある。字は下手だが、文面はいたって腰が低い。

安左衛門は興がわき、ひょいと腰をあげ「花屋」へでむいた。

玄関から表門へ小柄な男がいそいそとかけてきた。肩幅はせまく浅黒い顔をしている。商家の小僧あがりの番頭といった風采である。

「これは、これは御主人様、わたくしは山下亀三郎と申します」

と男は下僕のように頭を下げ、安左衛門をむかえた。

安左衛門を座敷に案内すると、亀三郎はすかさず緞子《どんす》の厚い座布団をおしだし、自らはぱっと三尺ばかりあとすざりして、散切り頭の額をごしごし畳にすりつけた。

すぐ長い口上がはじまった。

安左衛門の耳には、「御主人様」「忝《かたじけな》く御礼申し上げます」、それに「恐縮至極でございます」の三つの言葉が何度となく耳に入った。とにかく馬鹿丁寧であるが、ブローカーから軽くあしらわれ自尊心を傷つけられていた安左衛門にはすこぶる気持ちがよいものだった。

ふかふかの座布団にどっかり腰をおろした安左衛門をまえに、亀三郎はここぞとばかり、取引をもちかけた。

「わたくしはほんのわずかではございますが、北海道の石炭を扱わせていただいております。これから御主人様が神戸や大阪で石炭の代理店をおやりになるとお聞きし、そのお手伝いをさせていただきたく、まかりでました次第でございます」

「あんた、いや山下さん、それだれから聞きましたか？」

安左衛門が問いかけると、亀三郎はごくんとのどをならした。

「わたくしがごくごく懇意にさせていただいております郷土の先輩に、今西林三郎という者がございます。大阪の安治川に本店を構え、遠く九州にまで手広く石炭を商っております。大阪商工会議所の土居通夫会頭からの信頼もあつく、阪神電鉄の創業にもたずさわっておられる方でもございます」

ここまで話すと、亀三郎は相手の反応をさぐった。

土居通夫の名前がでて、安左衛門はひとつふたつうなずいた。

「つきましては、御主人様が神戸でお店をお開きになるまで、わたくしと今西にお手伝いをさせていただきたく存じます。福松商会の御信用のうえからも、また商いのうえからもこのうえなく便利だと存じ上げます」

「なるほど、横浜の山下と大阪の今西ですか。覚えときましょう」

ふたりが福沢桃介に取り入り、他人《ひと》の褌でひと儲けしようという魂胆はみえみえであったが、安左衛門は悪い気はしなかった。

「どうかよろしくお願い奉ります」

亀三郎はふたたび額を青畳にこすりつけ、顔をあげると手をたたき芸子をよんだ。ここからは亀三郎の世界である。まだうら若い安左衛門は亀三郎の掌《てのひら》にのせられ酒をのんだ。

桃介も安左衛門も石炭はしろうとである。福松商会と今西との提携は軌道に乗り、しばらくたつと亀三郎にも仕事のわけまえがまわってくるようになった。神戸や大阪へでかけることも多く、安左衛門は商いにたけた亀三郎を頼りにした。

港にこな雪の舞う初冬だった。半月ほど前のこと、亀三郎は今西から六百トンという大量の石炭を安値でまわしてもらった。横浜石炭商会にとってははじめての大商いである。亀三郎はすぐ門司へおもむき大金を払って仕入れると、港の廻漕店を使い、石炭を横浜へ運んだ。その石炭が岸壁に着くというので、この日、荷揚げにたちあうため、数人の店員をつれ港へでかけた。

石炭が集積場におさまったのを見届け、取り扱いの廻漕店へゆくと、

「運賃は一トンにつき一円二十銭、六百トンの代金七百二十円」

と記された引換書をさしだされた。

「なんだ、これは。売りもしないのに代金など払えるものか」

と亀三郎はいきまいた。これまで小口の商いだったせいか、運賃はあとからまとめて払っていた。それになにより、請求された運賃が法外に高く、全部売りさばいても、仕入れ代金をさしひくといくらも残らない。

「お支払いにならないと、石炭は渡せません」

番頭は先に払うのは当然だといい、顔をしかめた。

払わん、渡せん、の口喧嘩になった。店内で双方がにらみあっていると、たまたま所用で

店にいた亀三郎の知り合いの御前長之助という商人が間にはいってきて、亀三郎を諭した。先に運賃を払うのが海運の世界のしきたりだというのである。しきたりだとしても、石炭を売りさばかないと金はできない。困っていると、御前長之助が助け舟をだし、安い金利で代金を立て替えてくれることになった。結局、はじめての大商いは儲けにならなかったが、亀三郎の人生に大きな転機をもたらすことになる。

亀三郎は妻にむかって宣言した。

「なあ、カメ。運賃を先取りするなんて、海運はうまい商売じゃないか。わしは土佐丸を見て、いつか船をもちたいと思っていたが、もう待てん。これから石炭商売でとことん儲けて船をもつ。一日でもはやく船主になる」

一万円ほどたくわえればなんとかなる、と亀三郎は目標をたてた。

福松商会との結びつきは日増しにつよくなり、亀三郎は神戸に出向くことが多くなった。行けば夜は宴会である。石炭商売も茶屋遊びも亀三郎のほうが年季はずっと上である。いつしか亀三郎は安左衛門の兄貴株となって神戸や宝塚を遊びあるくようになった。

秋山真之

明治三十四年の二月初旬、第四次伊藤内閣の総理大臣秘書官に抜擢されていた古谷久綱から結婚式の招待状が亀三郎夫婦のもとに届いた。結婚相手は伊藤博文の長州時代からの盟友で、子爵の山尾庸三の令嬢鶴子である。

「あのがい（頑固）な久綱め、若くしてここまでのぼりよったか」

亀三郎はうらやむことしきりである。

久綱は亀三郎から学資の支援を断わられたが、この駿馬にはちゃんと名伯楽がまちかまえていた。同志社大学をおえた久綱は「国民新聞社」に入社し、徳富蘇峰《とくとみそほう》（猪《い》一郎《いちろう》）と出会う。政治家に野心がある久綱の能力を見こんだ蘇峰は、みずからの人脈をつかって久綱をひきあげていく。

明治三十年八月、久綱は大隈重信、日本銀行総裁の山本達雄、それに児島惟謙らの支援をうけてベルギーのブリュッセル大学に留学し、国際政治学を専攻した。久綱は三十三年三月、大学を「大優等」という開学以来最高の成績で卒業し、帰国すると蘇峰の世話で伊藤博文の私設秘書官に採用され、政界へのたしかな足がかりをきずいた。さらに総理秘書官へと出世し、こんどは時の総理の肝入りの縁談だった。

結婚式の会場は、上流階級の社交場として知られる麴町の星ヶ岡茶寮《ほしがおかちやりよう》だった。新婦側からは侯爵、子爵、男爵など爵位に叙せられた家柄の夫妻がずらりと列席すると亀三郎は聞きつけた。

（この人脈、利用しない手はない！）と、亀三郎は焼きつくような上昇志向にかられた。憧れてきた雲の上の一隅をのぞくことができると思うとそわそわ落ち着かなかった。紋付の袷《あわせ》を夫婦で新調し、なんとか格好をつけて茶寮へでかけた。

ところが披露宴は洋式で、華やかだがひどくよそよそしかった。亀三郎はお座敷芸に長《た》けてはいるが、テーブル席となるとまるで勝手がちがう。どうにも出番がない。宴のあいだ、およそ場違いなところへ座らされている気がした。

（雲の上は、肌にあわん。かぜをひく）

はやばやと社交をあきらめ、亀三郎はさっさと茶寮からひきあげてしまった。

それからしばらく経った日のことである。会わせたい人がいるから、ぜひおいで賜りたい、と久綱から便りがあった。場所は赤坂の「三河屋」だった。

行くと久綱のよこに海軍の将校服の男があぐらをかいていた。小柄だがいかにも俊敏そうで、詰めてあるのか、上衣の裾がいやに短い。すぐかたわらに置かれた軍帽の縁はピンと張っていた。

はいってきた亀三郎をじろりと見て、

「山下というのは、貴公ですか」

と、将校は刺すような視線でいった。鼻が異様に高く、口元にはたっぷりひげがある。

（なんだ、こいつは！）

一瞬、郷里で「どん亀」と揶揄《やゆ》されていた記憶が脳裏をはしったが、亀三郎はにこやかな表情をつくり、ふたりの前にすわった。

「このかたが、海軍の秋山真之大尉殿でいらっしゃいます」

久綱がていねいに真之を紹介した。

「秋山さん？……」と、いったもののあとがつづかない。もちろん初対面なのだが、亀三郎は自分と対極の人生をおくる人物と出会った気がした。

すぐ久綱が気をきかし、

「同じ愛媛の、松山のご出身の将校さんですよ」

言葉をついだ。

「ほうか、松山かや。そりゃ同郷じゃわいな」

亀三郎は伊予弁で相づちをうった。そして膝をそろえて、みずから名乗り、丁重に頭をさげた。それから、

「そやけど久綱君、なしてまた大尉さんをお知りたん？」

とふたりの関係を訊ねた。

「秋山大尉殿はですね、僕が申し上げるのも僭越ですが、日本海軍きっての逸材でいらっしゃいます。首席で海兵を卒業され、三年ほど前にアメリカへ留学、つづいて欧州各国を視察なさっておられます」

久綱は真之の経歴の華やかなところを紹介した。

真之は昨年の八月、三年余りにおよんだ米欧留学から帰朝したあと海軍省軍務局に勤務し、十月から常備艦隊司令長官の幕僚となり、「松島」と「千歳」に乗艦して清国沿岸部の居留民保護の任についたあと、今年の二月に横須賀へ帰っていた。

その真之に接近したのは久綱のほうからである。

自分とおなじ時期に留学していた真之が帰朝すると、久綱は海軍省軍務局第一課へこの郷

里の大先輩を訪ね、真之が胃腸をこわして入院していることを知った。さっそく麴町内幸の長与胃腸病院へ真之の見舞いにでかけた。このころ海軍戦術の研究に熱中していた真之はフランス語が堪能《たんのう》な久綱に一目おき、交友がはじまった。

そして先般、久綱が婚礼後のあいさつで大森の児島惟謙のところへいったおり、真之と亀三郎のことが話題となった。日本海軍の超エリート将校と、まだ駆け出しの事業家である。

「どうだ、ひとつ、秋山大尉を横浜の山下に会わせてやったらどうか」

と児島が郷党へ気配りをした。

久綱が真之へ児島の意向を伝え、亀三郎の経歴をいうと、

「石炭商か、おもしろそうだ」

と断わることはしなかった。

それで三人が「三河屋」で会うことになったのである。大体のいきさつを聞き、

（よくぞ、風来坊のような自分と会う気になったものだ）

と亀三郎はへんに感心した。文字通り、都人と野人である。亀三郎からこのエリート将校へ与えるものは何一つない。同郷のよしみで酒をくみかわし、久綱の婚礼のことを話題にした。それで訊くと、真之は一つ年下だが、まだ独身だった。

「それは秋山さん、健康にお悪いぞな」

亀三郎は酔いにまかせて、すこし半畳をいれた。

「うん、ほうじゃ。この歳になればうさ晴らしもいらいなぁ」

真之はうちとけた口調で応えた。

「あれ、こりゃたまげたわい。秋山さんが結婚はうさ晴らしやとおいるが、久綱君、あんたどうぞな」

「さあ、どんなじゃろう」

久綱がとぼけると、

「おい、山下。新婚に訊いてもいけん、いけん」

真之は大仰に手をふり、にやにやした。

「ほいでも、うさ晴らしとは、ちいと寂しいぞな。うさ晴らしは茶屋で芸子を相手にするものぞな」

亀三郎は遊び慣れた色町のことに話題をうつそうとした。ところが真之は表情をひきしめ、

「一身一家一郷を愛するものは、悟道いまだ足らずだ。世界や宇宙を愛するものは悟道に過ぎる。軍人はなあ山下、すべての愛情を国に捧げにゃならん。ここが生産者階級の国民とちがうところだ。それにたいていの者は、妻子をもつと片足を棺桶につっこみ、半分は死んだも同然。進取の気象が衰え退歩がはじまる。軍人も事業家も指導者たらんとすれば、早くから家庭をもつべきでない。どうだ山下、そう思わんか」

教科書でも読むように自論を開陳したので、座の雰囲気は一気に堅くなった。

「難しい理屈はわからん。ほやけど軍人さんが君国のために生きる、という気概はようにわかったわい。わしら事業家も見習わにゃならん」

亀三郎はお国言葉で当たり障りのないことをいった。

それからは、代議政治論でブリュッセル大学の博士号をとった久綱と、真之は英語をまじえながら欧米の政治や経済の話をかわした。真之はロシアに留学していた広瀬武夫とロンドンで落ち合い、イギリス各地で建造中の日本艦艇の工事の進捗状況を一緒に見てまわり、それからパリやベルリンを視察したときのことを語った。欧米の帝国主義政策は、これからますますアジアへむけられ、とりわけ中国をめぐる列強の争奪がはげしくなる、というのがふたりの会話の結論だった。

この間、亀三郎はうんちくを傾けるふたりの聞き役だった。となりの清国では、義和団が勢力をつよめ、欧米列強に対する排斥運動がさかんである。亀三郎は訊ねた。

「秋山さん、ロシアは怖い国やろか」

「そのとおり」

「ほやけど、日本と戦争になるなんてことはないやろ」

「いや、ロシアとの戦はあらい」

と、真之は伊予弁にもどっていった。

「ほりゃ大変じゃ。ロシアは大国じゃけに」

「ほじゃけん、わが国はロシアを仮想敵国として万一の場合の準備をしとらい」

「戦争はいつごろのことぞな。教えてくれんかな」

「五年もたたんうちに必ずあらい」

真之は即座に断言した。

アメリカに留学する前の半年間、真之は軍令部諜報課員として朝鮮にわたっている。洗濯夫に化けて満州各地の情勢をさぐり、ロシアと戦うときの作戦を研究していた。この後の米国留学は海戦の兵術研究のためで、念頭にはつねに対露戦のことがあった。そしてそれは真之にとってはいまや現実に近いものになっていた。長与胃腸病院へ入院しているあいだも、真之はずっと海戦の研究に没頭していた。

亀三郎は真之の言葉を刻みつけ、しばし沈黙した。それで久綱が国内政治のことを話した。鉄道工事をめぐる政党間の対立がはげしくなり、伊藤内閣は苦境にたたされていた。

久綱の話がとぎれると、

「石炭商売はどうなんだ?」

真之は久綱のおながれの酒を亀三郎に酌《く》みながら訊いた。

「せわしいだけじゃ、もうからん」

「商売はもうからんとつまらんぞ」

真之は知ったようなことをいうと、自分のぐい呑みに酒をたし、空になった徳利を卓上に転がした。

「まあ、考えはしよるが……」

船のことを口にしようか、亀三郎がためらっていると、真之はぐいと顔をよせ、いった。

「山下、褌《ふんどし》をぎゅっとしめてかかれば、何事もうまくいかい」

「褌か」

「そうだ、真っ赤な褌だ」

「肝に銘じておく」

と、亀三郎が応えると、

「山下、君はええ面《つら》がまえじゃ」

唐突に、真之はスッポンが酔ったような亀三郎の顔をほめた。遊女や茶屋の芸子にほめそやされたことはあったが、それこそ商売である。からかわれたと思い、

「わしは郷里《くに》ではどん亀と呼ばれとった。都会へきて十年以上になったから、ちいとは垢ぬけしたかのぉ――と思い、
と、亀三郎は自嘲気味にとぼけてみせた。

すると、真之は正座し、背筋をのばすと、

「君は面白い男や。これからはひとつ兄弟のように付きあおうや。自分のことは、郷里ではみんな淳さんと呼ぶ。そやから淳さんと呼んでくれ」といった。

「淳さん？」

「そうや、淳さんや。それから山下、どんくさいのは石炭商売じゃ、世界地図を見ろ。海が世界を支配しとらい。山下、船をもて」

「船か……」

目標の一万円まで、あと少しだった。亀三郎は唇をかみしめ、うなずいた。

身分不相応な船

このときから二年余り、亀三郎は休みなく働いた。

日本の経済は本格的な産業革命期にはいり、石炭商売も右肩上がりである。横浜石炭商会は店舗がせまくなり、元浜町にある梲《うだつ》のついた二階建ての商家へ引っ越した。そして時代にも助けられ、念願の一万円は予定よりもずっとはやく手にすることができた。

明治三十六年五月、亀三郎は神戸へでかけて松永安左衛門に会い、船を買う話をもちかけた。土地や家屋を買うのとは勝手がちがう、よい話があれば知らせてほしいと頼んだ。安左衛門はさっそく福沢桃介へ相談した。福沢は安左衛門の仲介でこれまで数回、横浜の富貴楼や築地の新喜楽で亀三郎と杯をかわし、亀三郎の座敷芸を愉しんでいる。

「あのスッポンめ」

と、福沢は亀三郎のことを呼んだ。褌一枚でかっぽれを踊るときの亀三郎のおどけた姿は、まないたの上でもがくスッポンに似ている。

「船をもちたいといってきたか。面白い、力を貸そう」

と、福沢は安左衛門に回答した。

そして数日後、福沢は豊富な人脈をつかい、横浜に支店があるイギリスのサミエル商会から、三千五百重量トンのベンヴェニュー号が売りに出されているという情報を入手し、電話で亀三郎へ伝えた。手付金は一万円、船価は十二万円である。

「どうだ、買ってみるか」

　受話器のむこうで福沢の高い声がさそった。亀三郎は壁掛電話機の丸い送話口へ口をよせ、

「買います。しかしとても金が足りません！」

と、叫んだ。あるのは手付金だけである。資金は十一万円も不足している。

「銀行からかき集めれば、なんとかなるだろ」

「貸してくれますか」

「口を利《き》くよ」

「ありがとうございます、福沢様！」

亀三郎は受話器を耳に押し当てたまま、電話機にむかってなんどとなく頭をさげた。

昼食をすますと店員をつれて横浜港へでかけ、係留しているベンヴェニュー号を検分した。

明治十六年にイギリスで建造された貨物船で、二十年たっているが状態はすこぶるよかった。

手付の一万円を安田銀行横浜支店に納め、福沢の口利きで帝国海上保険から船を担保に七万円を借りた。

　残り四万円の融資をうけるため亀三郎は福沢と待ちあわせ、第一銀行横浜支店へいった。

応対にでた支店長の石井健吾は、福沢様のご紹介ということならできるだけ便宜をはかりたい、と額の汗をぬぐい、

「しかしながら、横浜支店から貸し出すのは難しいので、左右田《そうだ》銀行本店からの融資というのはいかがでしょうか」

と福沢の顔色をうかがった。左右田銀行は明治二十八年にできた地元横浜の銀行である。

「左右田でもよいが、山下君に貸しはしないだろう」

「はい、それで私は左右田銀行の頭取を個人的に存じあげておりますので、この石井が三万円の融資をうけようと思います」

「あんたが左右田さんから？」

福沢は妙な顔になった。石井は亀三郎のほうへ視線をうつし、

「受けた融資をそのまま横浜石炭商会へお貸しすることにします。これでどうでしょう」

亀三郎をはげますようにいい、福沢の出方をうかがった。福沢は石井の大きな度量にのまれ唖然としたが、石井の申し出を整理するように念をおした。

「なるほど、あなたが左右田さんから三万円借りる。それをまた山下君へそっくり貸し出す。石井さん、世間の常識をとびこえた話だが、この山下をそこまで信用して大丈夫ですか」

「うしろに福沢様がひかえていらっしゃいますから、なんの心配もしておりません」

石井は福沢をもちあげた。福沢は満足げにうなずき、亀三郎に命じるようにいった。

「君、このとおりだ。あとは自分でなんとかしろ」

「はい。残りの一万は横浜の仕事仲間に頼んでみます」

亀三郎は石井の温情と、福沢の存在の大きさを肌で感じた。

福沢桃介の支援は抜群の信用力をもたらした。

亀三郎は平沼専蔵の横浜銀行と、十数件の廻漕問屋や石炭商人の御前長之助などから借り

た金で一万円をつくり、サミエル商会に残金をはらってベンヴェニュー号の船主になった。

亀三郎は三十六歳になっていた。郷里に手紙を書き、友人知人には挨拶状をおくり、ふだん世話になっているところには足をはこび、船主になったことを知らせて祝ってもらった。

海軍大学校の教官になっていた真之にも挨拶状をだした。

〈海運の隆盛は国運を啓《ひら》く。帝国の四海に貴公の船団を夢見る〉

と、うれしい返信があった。

ところが、うかれた気持ちで大森の児島惟謙のところへ挨拶にいくと、これまでとはがらりと様子が変わった。児島はこのころ、宇和島伊達家の推挙で第二十銀行の頭取についていたが、その職がよほど苦痛なのか胃を患い、いつも不機嫌だった。そこへ、ひょこひょこと、たいそう偉いことをやりとげた気分の亀三郎があらわれ、胸をはり、

「わたしも、このほど大決心をして三千五百トンの貨客船を買い、船主になりました」

と見栄を切ったから、児島はいっそう不機嫌になった。

「それが、どうした」

「みんなに祝ってもらいました」

「ふん、それは祝うことかね」

児島は厭な顔をした。

「みんな、喜んでもらっています」

「ほう、そうかね」

京都の小学校で代用教員として初等科を教えていた山下亀三郎（右端）と生徒たち（山下眞一郎氏提供）

はじめて上京したころの亀三郎（山下眞一郎氏提供）

明治35年10月、父源次郎 が上京時に亀三郎と撮影（八木憲爾氏提供）

竹内兄弟商会の石炭部社員時代の写真。前列右から2人目が亀三郎（山下眞一郎氏提供）

明治38年、横浜石炭商会の社員を集めた記念写真。2列目中央が亀三郎（山下源一郎氏提供）

明治36年、亀三郎がはじめて船主となり、郷里の名前をつけた喜佐方丸（ベンヴェニュー号）。福沢桃介の人脈でイギリスのサミエル商会から12万円で購入（山下源一郎氏提供）

明治39年1月、喜佐方丸は亀三郎を乗せて帰郷し、伊予吉田港沖に停泊した。前列左から3人目が同船上の亀三郎（八木憲爾氏提供）

上写真と同時期で、亀三郎は村中総出の出迎えを受け、喜佐方丸のデッキは身動きができないほどの村人たちであふれた（山下源一郎氏提供）

実家に里帰りした亀三郎（右橋）。その隣が父源次郎、一人おいて長男の太郎（山下源一郎氏提供）

大正５年初春、実家の離れの前で撮影したもの。左から父源次郎、母ケイ、亀三郎（山下源一郎氏提供）

亀三郎は大正6年には吉田町に山下実科女学校を、同9年に母の生地の三瓶町に第二山下実科女学校（写真）を設立（山下眞一郎氏提供）

村井保固の妻キャロライン
（学校法人村井幼稚園提供）

亀三郎（右）が憧れた郷里の先輩、村井保固（左）（山下源一郎氏提供）

清家吉次郎（山下源一郎氏提供）

古屋久綱（山下源一郎氏提供）

秋山真之（「丸」編集部提供）

入り江にやってくる鯨の潮吹きを母に見せたいと願った亀三郎が建てた筋の別荘。村人から鯨御殿と呼ばれた。写真は大正４年、別荘の棟上げ式のときのもの（山下源一郎氏提供）

児島はまるで関心をしめさない。亀三郎はとっておきの報告をした。

「郷土の村の名前をとって、喜佐方丸と名づけました」

「なんだ、まるで英雄気取りじゃないか。三千五百トンの船というが、どうせ、借金まみれで買った船だろうが。そのへんはどうなのだ。正直にいってみろ」

まるで被告人を取り調べるような口調である。亀三郎は喜佐方丸を手に入れるまでのいきさつを話し、

「借金はどんどん儲けて、五年以内に返します」

と、意気込みを口にした。すると、ソファに身を沈めていた児島は上体をおこし、とつぜん声をはりあげ、叱責した。

「ばかもん！　どいつもこいつも口をひらけば金儲けの話ばかりだ。山下、お前な、借金をしてまで、身分不相応な船を買いやがって。不届き至極の大ばか野郎だ！」

「儲けて、返すあてはあります」

「ばか野郎！　その根性がけしからん。金儲けのために借金をしてもかまわん、という根性は大嫌いだ。顔を洗ってでなおしてこい！」

と、すごい剣幕である。

亀三郎はほうほうの体《てい》で退散した。

（くそ爺《じじい》！　でなおしてこい、はないだろ）

と児島の忠告に腹をたてていたが、しばらくすると、とんでもない買い物をしたことがわ

かった。大借金をして船主になったものの運用方法がわからず、船は港に浮かんだままである。荷主をさがしてめぼしい事業所に足を運んだが、馬車などの陸運とちがい海運は業界のしがらみがつよく、新参者がはいりこむ余地はすくなかった。

このころ、世界の船腹総数は約二万八千隻の三千三百万総トンであったが、保有国の内訳は欧米列強の帝国主義政策を見事に反映したものになっていた。総トン数にして四割弱がイギリス本国、そしてのこりをアメリカ、ドイツ、ノルウェー、フランス、イタリア、イギリス植民地、それにスペインなどの欧米諸国が保有していた。

いっぽう、後進国の日本の船腹総数は一千八十八隻の六十五万総トンにすぎなかったが、内国の貨物輸送は十分にまかなえる船腹数であった。またこの時期、日本の海運は政府から助成金をうけて定期航路をいとなむ日本郵船や大阪商船のいわゆる「社船」とよばれる先発会社と、おもに石炭の販売と輸送を目的とした廻漕問屋の用船や、在来の沿岸帆船の零細船主から海運業へ進出した「社外船」と称される後発グループにわかれていた。政府の保護や助成のない社外船の船主は「日本船主同盟会」を組織し、不当競争にならないように結束をつよめていた。

さらに日清戦争後、船腹過剰の状況がつづいているときに、圧倒的な船腹保有数をほこる欧米の貨物船が上海と香港を拠点にして運航をはじめる、という新たな事態がうまれ、国内の海運不況はいっそう深刻化していた。

こうしたなかへ、亀三郎はとびこんだのである。荷物を運ばなければ金にならない。亀三郎は困惑し、親しくしているブローカーに泣きついた。

するとブローカーは、神戸に勝田《かつだ》銀次郎という伊予松山出身の貿易業者がいる。勝田の集貨で上海行きの用船がたびたびあるからその仕事をもらったらどうか、と教えてくれた。亀三郎はさっそく神戸へゆき、勝田と会った。仕事はすぐにとれ、喜佐方丸の初航海は上海にきまった。ただ、往路だけの荷物で運賃が法外に安い。復路の積み荷を別の荷主から確保すればなんとか採算がとれるが、空《から》で帰れば赤字である。亀三郎は迷ったが、船を港につないでおくよりはましなので、喜佐方丸を勝田の荷物の用船として上海へ走らせることにした。

復路の積み荷はなく、喜佐方丸はいつも空船で神戸へ帰ってきた。上海へゆくたびに赤字である。石炭商売で儲けた金で海運業の赤字を補てんしながら、亀三郎は夏の盛り、新たな荷主をもとめて炎天下のなかをはしりまわった。

大借金をかえす目途がまったくたたないまま、秋になった。

勝田以外にも荷主は二三できたが、焼け石に水である。このままでは大借金のとりたてにおわれ、喜佐方丸も横浜石炭商会も人手にわたし、また夜逃げか、と大八車を親子でひく姿が脳裏をよぎり夜も眠れない。亀三郎はゆきづまってしまった。

「太郎だけには可哀そうな思いはさせとうない」と、カメは小学校に通いはじめた長男を気づかった。

夫婦でなんども話し合い、太郎をしばらく郷里でひきとってもらうことにした。といっても老いた源次郎やケイに孫の世話をまかせられず、古谷久綱の実家がひきうけ先になった。

その久綱は二年前の明治三十四年五月、首相の座をしりぞいた伊藤博文が九月に欧米への視察旅行にでかけたとき、伊藤に随行して翌三十五年一月までヨーロッパ各地に滞在し、二月に帰国していた。伊藤の信任はあつく、久綱は伊藤のあとをついだ桂太郎首相と、大磯の別邸で政界ににらみをきかす伊藤とのあいだの連絡役をになっていた。

十月下旬、亀三郎はなじみの料亭で久綱に会った。太郎のことがすむと、あとは政治の話になった。

北清事変後、満州にいすわり、さらに朝鮮半島を支配下におこうとするロシアにたいして、国内では日ごとに反発が高まっていた。

四月に山県有朋が所有する京都の別邸無隣庵《むりんあん》で、伊藤博文、桂太郎、小村寿太郎と山県の四人が話しあい、朝鮮についてはロシアに一歩もゆずらないという合意ができている。六月、東京帝大の教授など七人の博士が政府へ提出した対露強硬外交の建議書が新聞各紙に掲載されると、戦争もやむなしという世論が大きくなっていた。

政府はひそかに開戦の肝《はら》を決め、連合艦隊の編制をいそいでいた。舞鶴鎮守府司令長官という閑職にあった東郷平八郎中将が抜擢され、連合艦隊の司令長官に内定していた。

政府の中枢にくいこんでいる久綱は海軍内の情報にも明るい。

「連合艦隊ができたら、秋山少佐はきっと艦隊幕僚になりますね」

と久綱は郷土自慢のようにいった。

「あの淳さんがねぇ」

「いま、海軍の兵術家で秋山少佐の右にでる人物はいませんよ」

「へえ、淳さんはそんなに偉いのかね」

船主になって出した挨拶状への真之の返信の文末が、亀三郎の脳裏をかすめた。

〈帝国の四海に貴公の船団を夢見る〉

うけとったときは心が躍ったが、いまは暗鬱である。浮かない顔の亀三郎をひきたてるように、久綱はぐっと声をひそめ断言した。

「かりにロシアと戦になれば、秋山少佐は国家の命運をにぎる軍人のひとりですよ。帝国海軍の作戦参謀ですから」

海軍大学校の兵術教官である真之は、早春の日本海南西部で実施された対露戦想定の大演習では西軍支隊の主席参謀をつとめていた。

淳さんはどんどん偉くなっていくが、自分は破産寸前である。しかしロシアと戦争をはじめれば、また石炭で儲かるかもしれんと、亀三郎は心中、戦争をねがわなくもなかった。徳利を手にし、久綱に酒をすすめながら、

「どうだ、戦はありそうか」と、訊《き》いてみた。

「それは日本のこれからの外交にかかっています」と、久綱は慎重に応えた。

「運賃だけでは借金が返せん。このままじゃと、じきに喜佐方丸を売ることになる」

「それは、いけません」

「苦労して手にいれた船じゃが、仕方ない」

亀三郎はおもわず弱音をはいた。

御用船さまさま

太郎が久綱の実家にひきとられ、小学校へ通いはじめたという便りを手にして、数日後のことである。借金の返済猶予を御前長之助にたのみにいったおり、亀三郎は御前から同じ横浜の船主が所有する千代丸という貨物船が御用船になった、という話を聞き、これだ！　と膝をたたいた。

喜佐方丸も国に召し上げられたら、自分は借金の苦しみからぬけでることができる。御用船にしてもらえば道がひらける。

どうすればよいか。すぐ浮かんだのは徳富蘇峰である。蘇峰には久綱の結婚式で会い、面識がある。

翌日の朝、亀三郎は久綱に同行をもとめ、国民新聞社に蘇峰を訪ねた。話を聞くと、蘇峰はすぐ筆をとり、その場で海軍次官斎藤実《まこと》宛の紹介状を書き、霞が関の海軍省へゆくようにいった。

その日の午後、斎藤次官は省内の別室でふたりに会ってくれた。蘇峰の紹介状から顔をあげ、

「古谷君、君は秋山と同郷なのか」

と斎藤はめずらしいものを見つけたような顔をした。真之は七月に妻をめとり、芝高輪に

居をうつしていた。結婚する前はなんどか会って共に酒を呑んでいたが、ここしばらくはごぶさたしている、と久綱が真之とのことを口にすると、

「秋山はもうじき、海だ」

と斎藤はいい、おだやかだった表情をひきしめた。ロシアは朝鮮半島北部への侵出をくわだてていた。

「軍備は大丈夫なのでございましょうか」

亀三郎は横からこわごわと口をはさんだ。

斎藤は大きな眼を亀三郎のほうへむけた。

「秋山が郷里の友人に山下という面白い男がいる、といっていたが、それがあんたか」

「はい、おそれいります」

「船をやっているそうだが、時局がら重要な商売だ。なにしろ大国ロシアの海軍は強大だからな」

と斎藤はつぶやくようにいった。

すかさずその言葉にとりすがり、亀三郎は陳情した。

「もしやロシアと戦うことになれば、国家存亡の危機でございます。海軍様におかれましても、船がたくさん必要になるかと存じます。わたくしの喜佐方丸もこの際、お国のためにお使い賜りたく伏してお願いつかまつります」

「あい、わかった。話はきいた」

斎藤は手で亀三郎を制し、ゆったりとした所作でソファから立ち上がった。

海軍省からはなんの音沙汰もなく日がすぎていった。

年末の十二月二十五日の早朝、亀三郎はいよいよ資金繰りに窮し、藁にもすがる思いで門司へゆくことにした。筑豊炭田のブローカーとのあいだで運送契約の話がもちあがっていた。

横浜の自宅をでたのは夜明け前である。人力車をかりたて横浜郊外の平沼駅へゆき、午前七時一分発の神戸行きの急行にのった。一路東海道線を西へ下り、神戸に着いたのは夜の十一時近くである。休む間もなく、夜十一時三十分神戸発下関行きの寝台急行にのりかえ、山陽鉄道をさらに西へ下った。尾道をすぎたころから車窓は明るくなった。日中、急行は各駅に停車し、終着の下関駅に着いたのは午後の三時半すぎである。駅舎をでて少し歩き、十五分ほど汽船にゆられて関門海峡をわたった。門司港に上陸し、海沿いの旅館「川卯」にはいったのは二十六日の夕方四時すぎであった。

この一昼夜と半日あまり、車中ですごしたあいだもずっと大借金のことが頭からはなれず、亀三郎を苦しめていた。とおされた二階の和室で、旅装をとく間もなく帳面をひろげ、借金をかえす算段に亀三郎は没頭した。しかしどのように頭をめぐらせても、横浜石炭商会の破産はさけられそうになかった。ただ唯一の望みがあるとすれば、大借金の原因となっている喜佐方丸を国に召し上げてもらうことだが、いくら待っても海軍省からはなんの連絡もこない。

亀三郎はソロバンをほうりだし、障子窓をあけて海峡に目をやると深いため息をついた。

シベリアから寒気がおりてきて、小雪が舞っている。

十月の初め、久綱を交えて真之と呑んだ日のことが亀三郎の頭をかすめた。ロシアの強硬姿勢はかわらず、政府は必至の外交交渉で戦争を回避しようとしている、という久綱の政府筋からの情報に真之は憤慨していた。このまま放置しておけば、ロシアの軍備はますます巨大化する。対露開戦は早ければ早いほどよく、まだいまならロシアの大艦数十隻をたたきつぶし、海に沈めることができる、と真之は豪語した。

その真之はいま、艦隊勤務で海にいる――。

（淳さんはあのとき、五年以内といったが）

はじめて真之と会ったときの、「五年以内」が亀三郎をとらえた。

（ならばもうすぐ、ロシアと戦《いくさ》になる）

ふと、そんな想いが確信となってわきあがった。

その時である。あわただしく階段をあがってくる足音がひびき、山下さん、山下さーん、と仲居の声がし、襖がひらいた。

「電報ですよ」

仲居はぐっと腕をのばし、紙片をさしだした。横浜石炭商会からだった。

〈キサカタマル　ゴヨウセン　メイ　クダル〉

何度もよみかえした。

（ついに、来たか！）

小躍りしたくなるのをぐっとこらえ、胡座《あぐら》をかくと、卓袱台《ちゃぶだい》のうえの湯呑みをひきよせ、呑みのこした茶をのどにながしこんだ。

こうなれば、喜佐方丸を一刻もはやく横須賀の海軍基地へ届けなければならない。喜佐方丸はいまどこか。階下にかけおり、電話をかりて横浜の店へ問い合わせた。電報をうった店員がでた。長崎の佐々港で三井物産あつかいの石炭を積み終わり、明日、上海へむけて出港する、という。

「上海行きは中止だ。船長に横浜へ回航するよう電報をうて！」

「石炭を積んでいますが？」

「かまわん。石炭は横浜で荷揚げする。そのつもりで手配しろ」

と店員に命じ、念のため喜佐方丸の船長へ亀三郎からも横浜回航を命じる電報をうった。

それからブローカーへ電話をして事情を話し、取引をキャンセルすると和室にもどり、時刻表をとりだした。

三井物産大阪支店長の福井菊三郎と、荷主で神戸にいる今西林三郎に会い、詫びをいれ了解を求めなければならない。早急に神戸、そして大阪へ引き返すことにした。

荷物をまとめ、汽船で下関にわたり、夜十一時四十分に下関駅始発の寝台急行にのった。

神戸に汽車が着いたのは二十七日の夕刻の四時十六分だった。途中の岡山駅から亀三郎は今西の会社へ面談を申し込む電報をうっていた。駅から直接会社へかけつけると、今西は波止場の倉庫にいることがわかった。人力車で夕闇にしずむ倉庫街をかけ、今西に会った。かれは喜佐方丸が御用船になったことを喜び、上海に運ぶ予定だった石炭のことは心配するな、と亀三郎の勝手をゆるしてくれた。

「斎藤次官に会って御礼をいうのなら、早いほうがええ。明日二十八日は御用納めだ」

「しかし明日は大阪で三井の福井様に会わねばなりません」

「海軍省は早いほうがよいのだが……」

「二十九日ならなんとか」

「そうか、たとえお会いできなくとも、誠意はつくせ」

「はい、承知いたしております」

亀三郎は今西の忠告をありがたく聞いた。

神戸駅にひきかえし、夜十時発の最終の急行で大阪へゆき、この日は駅近くに宿をとった。

翌朝、中之島の三井物産大阪支店へゆき、支店長の福井菊三郎にいきさつを話してゆるしをこうた。

福井はニヤニヤしながら、亀三郎をやんわりいさめた。

「あんたの船が、石炭積んで、あらぬ方向へ走りだしたもんやさかい、三井の石炭を満載にして、山下が泥棒みたいに逃げ出した、と業界では噂になっとりました」

「こんどのことは、一生に一度の一大事ですので」と、亀三郎は首をすくめた。

「たしかに、どろ亀いわれても、御用船になれば勝ちですわな」と、福井は亀三郎の立場を理解し、荷主の今西林三郎が了解したのならこちらはなんら問題もない、といった。そして室内においてあった古九谷《こくたに》について、うんちくをかたむけはじめた。福井は海外に駐在していた期間もながく、日本文化の研究家でもある。とりわけ陶磁器には明るい。

亀三郎には興味も関心もない世界だったが、あいづちをうっているうちにどんどん時間がながれ、十時がすぎた。大阪駅から昼の一時六分発の急行にのり、東京へ行くつもりで人力車を玄関に待たせたままにしてある。亀三郎はそわそわ落ち着かなくなった。

「どうしましたか」

「いや、それが明日、海軍省へゆくことにしております」

「官庁は今日までですよ」

「はい、それは承知しておりますが、とにかく行ってみようと……」

「なるほど、これから汽車ですね」

「はい、おおせのとおりです」

亀三郎は大きく何度もうなずいた。福井は部下をつれ、わざわざ玄関まで見送りにでてきた。亀三郎は人力車にかけこむと、幌をしめさせ身をかくした。

「急げ、駅にやってくれ」

人力車は脱兎のごとく走り出した。一部始終を目にした福井は、

「なんだ、あれは。やっぱりどろ（泥棒）亀だ」

と思わず周囲にもらした。

そんなこととは露も知らず、亀三郎は東京へと急いだ。汽車が平沼駅に着いたのは二十九

日の朝の八時である。自宅にもどる途中、なじみの銭湯に無理をいって湯をわかしてもらうと、頭から足先まで旅の垢を落とした。家に帰りカメに筆を用意させ、巻紙に斎藤次官宛ての礼状を書いた。それからすぐ紋付羽織に着替え、礼状をふところにこんどは横浜駅から汽車で新橋へ行った。駅からは人力車で霞が関までまっしぐらである。

着いたのは昼過ぎである。思ったとおり海軍省の表玄関はしまっていた。それで礼状を省内の門衛にことづけるつもりで裏口にまわった。わけを話し、門衛に礼状をわたした。すると、次官なら登庁されておられますと門衛は応え、連絡をとってくれた。

省内をあるくと、あちこちの部屋で人の気配がした。年末休暇とはいえ、海軍省はひそかに動いている。ロシアとの戦いはさけられないと肝《はら》をくった政府は、前日の枢密院会議で連合艦隊の編成を議決し、すでに省内で内定していた東郷平八郎中将が司令長官に就いた。また秋山真之は東郷を補佐し、艦隊作戦のすべてをになう第一艦隊司令長官参謀を拝命した。日露をめぐる情勢は大きく動きだしていた。

応接室で亀三郎は最敬礼をして斎藤次官をむかえ、感謝の言葉をくりかえし、礼状をさしだした。

「官公庁はお休みだと思っておりました」

「休んではおれんのだよ」

次官はいかにも忙しそうである。

「喜佐方丸も大みそかには、かならず横須賀へお届けします」

亀三郎は約束した。

海軍省から元浜町の店へ帰ると、喜佐方丸の入港予定時刻をたしかめた。三十日の午前九時である。明日中に石炭の積み下ろしができるよう、沖仲士をたくさん桟橋に集めろ、と店員に指示をだした。しかし二日後には元旦だというときに、人手を集めるのは一苦労である。港の浮浪者までかきあつめ、なんとか人員がそろったのは夜遅くである。亀三郎は店の二階で仮眠をとった。

翌日の午前中、亀三郎は荷揚げ作業を指揮したあと自宅にもどって背広に着替えると、平沼駅から大船まで汽車で下り、大船で乗り換え横須賀へ行った。そして港の宿に泊まり、大みそかの早朝から起きだすと、喜佐方丸が洋上にすがたを見せる瞬間をじっと待った。

中天へと朝日がのぼりはじめたときである。水平線上に忽然と喜佐方丸の船影が浮かびあがった。

喫水線を高くあげ、船は海原をすべるように近づいてくる。入港を祝うかのようにカモメが乱舞し、海面が黄金色にかがやいて見えた。喜佐方丸が横須賀海軍工廠の沖合にまでせまってくると、亀三郎は引き渡しの手続きをするため鎮守府のほうへかけだした。

年が明けた一月、日露の開戦は必至と見越した亀三郎は大量の石炭の買い付けにのりだした。すでに石炭は値上がりをはじめていたが、一か八かである。戦争になれば暴騰する。亀三郎は勝負にでた。資金の調達先で、

「稼ぎ頭の喜佐方丸が御用船になりまして、弱っとります」

根にもない愚痴をこぼし困った顔をつくると、相手はぞんざいな態度をあらため、

「ほう、御用船とはなぁ。そりゃえらいぞ。金儲けとはちがう。お国のために働くのやから立派なことじゃ」

と喜佐方丸をほめた。船主の亀三郎も国から信用を保証してもらったようなものである。大借金の返済に苦しんだことが嘘のように、資金はどんどんあつまった。そしてあつめた金で石炭を買いためた。

二月十日、日露両国とも相互に宣戦布告し本格的な戦いがはじまった。石炭価格はみるみるうちに上昇し、半年後に亀三郎は十五万円の大金を手にした。その金でサミエル商会からベンヴェニュー号と同型の貨物船サンダー号を買い、第二喜佐方丸と命名すると、ただちに御用船として政府にさしだした。

黄海海戦、蔚山《うるさん》沖海戦、旅順総攻撃、遼陽会戦と戦域はひろがり、船腹の不足はますます深刻になってきた。借財と新たな荷主をさがすためにはしりまわり、廻漕問屋や石炭ブローカー、そして中小の船主のあいだに人脈をひろげてきた亀三郎にとって、またとない商機がおとずれたのである。

横浜石炭商会は船という船をつぎつぎに買い入れ、海軍に徴用してもらった。さらに店は営業分野を拡大し、外国船籍の貨物船を半年契約で用船すると、自ら船員を手配し、他社の貨物をひきうけ運送することをはじめた。石炭の売買から海運業(オペレーター)へのりだしたのである。

日露戦争で徴用された船舶は二百六十六隻約六十七万総トンにたっする。このうち社外船は四十二万総トンで、このほぼ半分は亀三郎と中小の船主が提供した。さらに政府は船腹不足をおぎなうため外国船を約九十万総トン雇い入れたほか、百二十四隻約三十五万総トンの外国船を輸入した。結果、戦争が終わった翌年の明治三十九年、日本は約五百隻百万総トンの船腹を所有することになった。

この異常にふくれあがった船復は戦後、海運業界にかつてない不況をもたらすことになる。しかしともあれ日本海海戦に圧勝し、津々浦々祝賀の提灯行列が初夏の宵闇をにぎわせていたころ、横浜石炭商会の純利益は百五十万円をこえるまでにふくれあがっていた。

日本海海戦の大勝を伝える新聞記事をよみながら、亀三郎は真之に語りかけていた。

(淳さん、あんたは栄誉を手にし、わしはあんたのおかげで、使い切れんほどの金がふところにはいったわい)

まさに御用船さまさまであった。

緊褌一番

戦争成金になった山下亀三郎は庶民の垂涎《すいぜん》の的となった。

これまで「すっぽん」とか「どろ亀」と冷笑していた獺《かわうそ》のような小男を、横浜の財界人たちはねたましさを押しかくし、少壮の事業家として認めざるをえなくなったのである。亀三郎は自分を見つめる周囲の視線がすっかり変わったことを知った。

（いまが上げ潮、淳さんがいうように四海を支配する船団をもとう！）

と亀三郎は事業意欲をもやした。資金は十分あった。金があれば人も儲け話もあつまってくる。

ポーツマス条約の内容に不満をつのらせた民衆の騒乱がなんとか鎮《しず》まった、十一月のはじめのことである。第一銀行横浜支店をとおして、渋沢栄一《えいいち》男爵（号青淵《せいえん》）から面談の申し出があった。耳を疑ったが、人ちがいではなく、財界の大御所の渋沢栄一その人だった。

支店の来賓室で男爵にあった。一見し、

（まるで品格がスーツを着ているみたいだ）

と亀三郎は思った。

福沢桃介や松永安左衛門が戦国武将なら、渋沢は天下を統一した徳川家康である。人格の奥行きが凡人にはない風格をただよわせていた。亀三郎はかしこまり耳をかたむけた。

渋沢の話しぶりは、年齢はもとより事業もまだ子供のような亀三郎にたいしても、きわめて丁重で礼節をつくしたものだった。渋沢は北海道の雄武《おうむ》にある広大な山林の整理を第一銀行にかわってやってくれないだろうか、と亀三郎に声をかけた。

「山下さん、近いうちにあなたにも出資をねがい小樽に木材会社を設立するつもりです。雄武など北海道の山林だけでなく、さきざき南樺太の木材が日本の産業の発展を支えることになりましょう。港にめぐまれた小樽は木材集積地として重要な位置をしめることになります」

「雄武の山林と、小樽の木材会社ですか？」

「それに樺太ですよ。この国のために必要なのです」

渋沢はおだやかだが、断固とした口調で亀三郎をさそった。

断わる理由などあるはずもない。渋沢男爵から声がかかっただけでも栄誉である。横浜石炭商会は雄武の山林を買い取り、資本金百五十万円で設立された小樽木材株式会社へ大口の出資をした。そして渋沢の推挙で亀三郎はこの会社の専務取締役に就いた。

年が明けた明治三十九年二月五日、亀三郎は横浜石炭商会の組織をあらため合資会社へ格上げした。店員も女給や夜間学校へ通う学生、それに尋常小学校をでたばかりの丁稚をふくめて四十人ほどにふくれあがっていた。戦争景気はつづいていて、株式相場は右肩あがりである。街はまだ活気にあふれていた。

なにもかも思うがままである。

これよりちょうどひと月前、亀三郎は妻のカメをともなって新春の汽車旅行を楽しみ、門司まで足をのばし、なじみの旅館に一泊した。翌六日の朝早く、ふたりは港に停泊していた喜佐方丸にのりこみ瀬戸内海を東へすすんだ。船は佐田岬半島の先端をかすめ、宇和海へと航路をかえ、昼すぎに伊予吉田港沖に着いた。電報で里帰りの日時を実家に知らせていたが、出迎えにきたのは家族だけではなかった。栈橋は人垣でうめつくされ、まるで凱旋将軍の里帰りである。村中総出の出迎えに亀三郎は感激し、両手をふりながら鼠《ねずみ》のようにデッキをかけまわった。

栈橋から一番の艀《はしけ》で喜佐方丸へやってきたのは源次郎とケイ、それに太郎をつれた久綱の父母と兄の重治郎夫婦、そして村長や役人たちだった。

吉原におぼれ、金の無心でこっそり帰郷してからも、あずけた太郎のことなどで二度三度郷里に帰ってきている。しかし今度は戦争のおかげで渋沢男爵もみとめる事業家になっての帰郷である。亀三郎は鼻が高い。

「こりゃまあ、がいに大きな船ですらい」

村長は目をほそめてマストを見あげる。それからデッキを見わたし、

「どがいじゃろかな。村の衆も船にのりたがっとる。山下さん、みんなをここによんでなにか話してくださらんか」

と亀三郎にたのんだ。

快晴で波もなく、港や海岸ちかくにまでせりだした山々も、おだやかな稜線を青い空にえがいていた。村人はつぎつぎに船にあがってきて、やがてデッキは身動きができないほどになった。亀三郎はマストの根元の台によじのぼり、村人たちにむかって喜佐方丸をもつまでのことを得意満面で語りかけた。

大倉書店の店主で貿易商の大倉孫兵衛、国民新聞社の徳富蘇峰、諭吉の婿養子の福沢桃介、海軍次官の斎藤実、そして日本海海戦の秋山真之たちとの交友をたっぷり自慢し、ついでに村井保固や児島惟謙、今西林三郎、穂積陳重ら郷土の先輩たちの活躍ぶりをかんたんに報告し、最後に渋沢栄一男爵からさそわれて、天下の財界人たちと小樽に木材会社をつくったこ

とを披露すると、村長の音頭よろしく、亀三郎は嵐のような拍手と歓声につつまれた。四国の僻隅《へきぐう》の村でどん亀とよばれていた少年が、いままさに郷里に錦をかざったのである。亀三郎はふくらんだ鼻をぎゅんぎゅん鳴らして得意の絶頂である。

村人が船からひきあげ、船室で家族や親族と晩餐をとった。

ケイは脚がおとろえ手をひかないと歩けない。食事のあと、亀三郎は母の手をとり船内を案内した。デッキへあがろうとすると、それまでいわれるままに手をひかれていた母が、息子の手をにぎりかえし、

「亀三郎、わたしはお前がコレラで死んだらええ、とお百度参りをした鬼の母や。堪忍しておくれよ」

と打ち明け、ほろほろ涙をおとした。

「ありがとよ、おっかさん。おっかさんがそこまでおらのこと案じてくれたけん、おらはがんばれた。ありがとよ、ありがとよ」

亀三郎は老母の小さな手を両手にはさみ、もらい泣きした。

六月の下旬、韓国統監府初代統監になった伊藤博文の秘書官として京城（漢城）にいる久綱からさそいがあった。伊藤統監への謁見の便宜をはかるという。二つ返事で承諾した亀三郎がこのことを福沢にはなすと、横浜銀行頭取平沼専蔵の婿養子である平沼延次郎もつれていってくれ、とたのまれた。平沼延次郎は小樽木材に大口の出資をしてくれた、新進の事業家である。ひきうけて久綱と日程の調整をしていると、料亭「新喜楽」の女将おきんに伊藤

公が会いたがっているので、ぜひつれてきてほしいということになった。

そこで三人で汽車にのり、下関まで下るとフグ料理で名高い旅館に宿をとった。季節はずれではあるが、フグがあるというので食べてみるとうまい。亀三郎と平沼はこれを伊藤公のところへ持参しよう、と意気投合した。するとそばで聞いていたおきんが眉をひそめ、

「それはおよしなさい。伊藤の御前様はつねづね、おれの身体は陛下に差し上げている。女で死ぬ気づかいはないがフグだけはだめだ、といって一切召し上がらない。御前様のお好きなものはフナですよ。この馬関にも小ブナがいるはずですよ。お持ちになるのならフナになさい」

と、フナをすすめた。

翌朝、宿でいきのいい小ブナを手桶いっぱいにいれ、なかに草などをしいて腐らないように手当をした。船で釜山にわたり汽車で京城へ行った。着いたのは夕刻である。すぐフナを伊藤公の住む南山の官邸にとどけさせた。

翌日の昼、三人は官邸によばれた。ほかに陪席したのは久綱と長州出身の陸軍少将である。伊藤はよほど待ちこがれていたのか、おきん、おきんと手をとり、頰ずりをせんばかりにおきんを抱き寄せる。伊藤はおきんと少将相手に話をし、それに久綱がときどき加わるだけで、亀三郎と平沼は話題にはいれない。もくもくと箸をうごかしていると、ほどよく焼けた小ブナがでた。昨日、届けたのはこれだな、と亀三郎は思い伊藤のほうへ顔をむけた。すかさずおきんがいった。

「御前様がお好きだということで、これは山下様がわざわざ馬関から手桶にいれて運んだ小ブナですよ」

「おう、そうか、そうか。それはかたじけない」

と伊藤は応え、箸で白い身をひときれ口にいれ、

「うん、これはうまい、うまい」

と頬をゆるめた。

これを機に話題は朝鮮の経済へと転じた。伊藤は朝鮮で大地主になっている迫間房太郎《はざまふさたろう》という男に会うよう亀三郎にすすめた。

迫間は紀州の生まれである。明治十年に移民として朝鮮にわたり、砂金で大儲けをした。いま釜山近郊の水田地帯の半分、それに京城や仁川では二割近くを所有している。

二日後、迫間が亀三郎と平沼を夕食に招いた。

亀三郎は株式市場の好況を背景に、資本金をいっきに四倍の六百万円に増資した小樽木材会社のことをはなした。増資後も亀三郎はプレミアムをつけて小樽株を買いあつめ、いまや小樽木材の筆頭株主である。かれの財産はみるみるふくれあがり、所有株の時価総額は三百万円にもなっている。

「金はあるが、つかい道がない。朝鮮でよい事業はないか」

と迫間にもちかけた。迫間は京城を基点に鉄道が北や東にのびる計画があるので、京城は貨物の集積地になるから倉庫がよいと応えた。

海運にものりだしている亀三郎は、物流の拠点に倉庫が必要なことはよくわかっている。さっそく京城（南大門）駅前の土地を物色したが、よいところはすでに買い占められていた。久綱にたのみ伊藤統監に面会をもとめ、懇願した。

「この身をなげすて韓国発展の礎になる所存であります。どうか、駅前の土地をいくらか払い下げていただきたいのです。お国のためでございます」

と頭を下げつづけた。すると伊藤はおもむろに、

「山下クン、フナの味はどうであったか」

とおもいがけないことを訊《き》いてきた。

「長州馬関の小ブナはことのほかおいしく……」

即座に応えながら、亀三郎は妙な空気を感じてくちごもった。

そばにいた久綱がうちあけた。山下が持参した小ブナはプンと臭いがしたのでつかえなかった。伊藤公の気配りで京城の小ブナをこっそり食膳に供したのだという。

亀三郎の顔に火がついた。床のじゅうたんに正座し、ひたいを床にこすりつけながらあやまった。

「貴公はおもしろい奴じゃ。やってみるがいい」

伊藤は水面に顔をのぞかせたフナに餌を与えるようにいった。

帰国すると亀三郎は渋沢栄一に協力をもとめ、払い下げられた京城駅前の広大な土地に「韓国倉庫株式会社」を設立するため、横浜の財界人のあいだをはしりまわった。平沼はも

とより朝鮮からは迫間も相当額を出資し、年末までに二百万円の資本金があつまった。

ところが明治四十年一月二十一日、これまで市場をひっぱってきた紡績株や鉄道株の下落をきっかけに、株価は全面安に転じた。市場は下げ基調のなか、しばらく買い方と売り方のつばぜりあいがつづいた。福沢桃介はここぞとばかり売り方にまわり持ち株をすべて売り払ったが、福松商会の松永安左衛門は買い方に徹し、全財産をなくしてしまった。そして亀三郎も安左衛門と同様の道をたどることになる。この年、大阪の株式市場を例にとると、年初に七百七十五円の平均株価は年末には九十二円にまで下げた。じつに九割に近い大暴落である。

亀三郎は値下がりをはじめた小樽木材株を買い支えるため、韓国倉庫設立資金をどんどんそそぎこんだが、三月にはいると三井と三菱が持ち株をつぎつぎと売りだしたため市場全体は一気に急落へ転じた。もう手当のほどこしようがない。小樽木材の株価もずるずると額面をわりこみ、しまいには紙屑同然となってしまった。

こうしたなか、手がけてきた韓国倉庫の開業式典に出席するため、亀三郎は釜山へでかけた。集めた資金は株で消え、いまや出資者に莫大な借金がある身となっていた。気のはいらないスピーチをして、逃げだすように門司へ帰ってきた。営業所に常駐している店員が心配そうな顔で知らせた。

「昨日、平沼様がこちらへ来られました。旦那様にとてもお会いしたそうなご様子で、しばらく待っておいででした」

「そうか、平沼がこの門司にまでなぁ」

平沼は韓国倉庫も小樽木材も大口の出資者である。ともに私財をうしなったうえに莫大な債務をかかえる仲でもある。平沼がわざわざ門司にまできたということは、よほど追いつめられた気持ちになっているにちがいなかった。亀三郎にしてもすんなり横浜に帰れる状況ではない。債務は百二十万円（今日の貨幣価値で約百億円）にものぼっている。出資者に申し訳ないという思いと、返せるあてのない借金をこれからずっと背負ってゆかねばならない、という現実に押しひしがれそうである。

横浜ではこのころから、人が寄ると亀三郎のことを「どろ亀」と呼びすてるようになっていた。なにをしても泥くさく、スッポンのように貪婪《どんらん》な目つきで、どろぼう猫同然に他人《ひと》の金を盗み取るさもしい守銭奴だとひどく見下し、とことん侮蔑したあだ名だった。大金を出した者の立場からすれば、

「どろ亀、金をかえせ！」

となじり、唾棄《だき》して当然であろう。

亀三郎にもそれなりの覚悟はある。針のむしろだが、それでも横浜には同じ苦しみをわかちあえる平沼がいる。ふたりで励ましあい、この苦境をのりきっていこうと唇をかみしめ、亀三郎は横浜へ帰ってきた。

ところがその翌朝だった。新聞をひろげた亀三郎は息をのんだ。

「平沼専蔵氏娘婿の平沼延次郎氏、耶馬渓で縊死！」の見出しが目にとびこんできた。亀三

郎が下関から横浜へ発った日、平沼は耶馬渓の松の枝に縄をかけ、自死していたのだった。

この年の夏、小樽木材は倒産した。さらに一年後の明治四十二年の初冬、第二喜佐方丸が下関市の沖合で嵐にあって沈没し、船長以下三十余名の乗客乗員全員が遭難するという惨事が亀三郎をおそった。それからしばらくの間、自分がどのようにすごしていたのか、記憶はさだかではない。ただ店員たちは店主の亀三郎が、

「平沼はええ、死んで楽になった」

と何度となくぐちるのを耳にし、

「わしはほんとにどろ亀や……」

うつろな視線でつぶやき、窓外の雲をながめる、やせた後ろ姿を目にしていた。

年の暮れ、亀三郎は金策にすっかり疲れはてていた。第二喜佐方丸遭難の悲劇も亀三郎の身にずっしりのしかかっている。

その日、かれは平沼駅のある方向へふらふらと歩いていた。この駅は東海道線をはしる優等列車に横浜の人たちが直接のれるようにするため、横浜商工会議所がつよく要望して開設されたいきさつがある。亀三郎はなじみの深い平沼駅から西へむかう汽車にのるつもりでいた。下関までいっきに下り、門司からもういちど喜佐方丸で故郷に帰ることをねがっていた。

西の空が茜色《あかねいろ》に燃えながらそんな亀三郎をまねいている。人がよいばかりだった父源次郎の温容な顔が浮かぶ。ケイは村の社《やしろ》の境内でお百度参りをしている。聞けば息子の借財がなくなるよう願をかけているのだという。おっかさん、ありがとよ、と礼をいうと亀三郎は枕

木のならぶ軌道によこになり、白く光るレールに頬をあて目をつむった。宇和海の黒潮のにおいがし、日振島から京をめざす船団が海鳴りをひびかせながら迫ってきた。とその時、

「ばかやろう、立ち上がれ！」

雷鳴のような声が亀三郎をうった。軌道から外へはいだすと、すさまじい轟音をひびかせ頭上を列車が通過していった。

亀三郎は私財を手放し、すっかり裸になった。横浜石炭商会の事業だけはほそぼそとのこったが、いちど傷ついた信用をとりかえすことは容易ではなかった。横浜商工会議所の会員たちのあいだに広まった「どろ亀」のあだ名は、顔に彫りこまれた刺青《いれずみ》のようにぬぐいようがなく亀三郎を苦しめた。

明治四十三年五月、亀三郎は自分を育ててくれた横浜をひきはらうことにした。本店を日本橋北島町へうつし、家族は逗子に住まわせ、自らは品川に小さな家を借りた。おちつくと福沢桃介はもとより、恩義のある人々にこころをこめて礼状を書いた。その数は百通をこえたが、返信を寄こしたのは、真之ただひとりであった。

〈人生ノ万事ハ虚々実々ナリ。苦シキトキノ神頼ミハ元々無理ナルコトアレバ、緊褌《きんこん》一番人事ヲ尽セザルベカラズ〉

浮き沈みは人の世の常、褌をしめなおして克己奮励せよ、という激励である。亀三郎は空になった金庫に真之の封書をしまった。

しかし他にはだれひとりとして激励にも挨拶にも訪れる者はいなかった。それでもまだ何

人かは返信をくれるだろうと期待したが、いくら待ってもなんの音沙汰もなく、耳にはいるのは、

「どろ亀め、ざまあみろ！」

あざわらう声ばかりであった。

盆がすぎて数日後のことである。福沢から「新喜楽」で大きな宴会をやるから、なんとしてでも参加せよ、とさそいがあった。聞くと、あつまるのは時勢にのった政財界の名士ばかりで、亀三郎が石炭業をはじめたときに世話になった恩人や、海運業をおこす際に支援してくれた商人もたくさんいた。福沢はかならず出席せよ、としきりにいってくる。

亀三郎は困惑した。名士といっても腹のなかで、自分の没落をほくそ笑んでいる連中ばかりである。いまさらどんな顔をして、かれらの前に出よというのか。出ればお白州《しらす》の罪人よろしく、冷たい視線にさらされることになる。そしてそれが厭《いや》で欠席すれば、「どろ亀」の蔑称《べっしょう》を自分ではがす好機をうしない、負け犬に甘んじることになる。出席するか、断わるか。迷いのなか、ふと保固《やすかた》のことが浮かんだ。吉原におぼれていた亀三郎を世間にだしてくれた恩人である。この郷土の先達に会ってみよう、と思った。

このころ、村井保固は貿易商森村組と日本陶器の経営にふかくかかわっていた。森村組は雑貨骨董品の貿易商から、日本陶器で生産する陶磁器を主要な輸出品とするようになってめざましく成長している。名古屋支店傘下の五棟の絵付工場では、画工だけでも一千名を擁するまでになっていた。いっぽう、保固が経営をまかされているニューヨーク支店（モリム

ラ・ブラザーズ）は、アメリカでもっとも大きな日本人商店として繁栄していた。アメリカ中の顧客と小売商はたえずこの店にあつまり、ここからアメリカ全土に商品が発送されていた。

しかし合名会社である日本陶器の経営方法をめぐっては、これまで大口出資者の森村市左衛門と経営者の大倉孫兵衛とのあいだで、たびたび対立が生じた。するとその都度、保固は帰国してふたりの意見を調整し和解させた。市左衛門も孫兵衛も保固をたよりにしていた。保固があいだにはいると対立点は解消し、日本陶器はつぎの段階へと飛躍する。保固には人間関係のもつれをほどく天性の資質があった。

この夏、保固は帰国していた。名古屋市撞木町の自宅で日本陶器の大物技師長を円満に解任するため、秘策をねっていた。そこへ突然、亀三郎があらわれた。

お互い音信はかわしていたが、ふたりは亀三郎が大倉孫兵衛洋紙店に就職したとき以来の再会である。久闊《きゅうかつ》を叙しながら、

（まるで、羽をむしりとられた地鶏のようだ）

と、保固の胸にはせまるものがあった。

「どろ亀、どろ亀」と侮蔑するうわさ話を聞いていたが、久しぶりに見る亀三郎は、深い谷間に落っこちた男の顔だった。浅黒い肌はかわらないが、目に光がない。応接間にまねきいれ、保固はじっくり話をきくことにした。

門司から喜佐方丸で郷里に帰り、村人を前に大演説をしたことがいまは恥ずかしく、この

ままでは喜佐方村へ帰ることはできない、と亀三郎は意気消沈し、小樽木材の設立から倒産までのいきさつを話しながら目尻をぬぐった。そして投資家に大変な損害をあたえたことが辛い、と肩をふるわせる。

保固は歯切れよく後輩をなぐさめた。

「山下君、倒産それ自体は仕方のないことだよ。君が罪をおかしたわけではないさ。そりゃ道義的には苦しいだろうが、もともと投資は自己責任じゃないか。必要以上に悩むことはないさ」

「でも、横浜の債権者はとても赦《ゆる》してくれそうにありません」

「店は東京へ引っ越したのだろ。気にすることはないさ」

「それが、実はおおいに迷うことができまして、保固さんに御相談にあがった次第です」

亀三郎は福沢桃介からさそわれている「新喜楽」の宴会のことをくどくどと話した。保固は恩師福沢諭吉の娘婿の桃介とは親交もあり、その天衣無縫な人柄も知っている。亀三郎から話を聞き、いかにも気骨をもってしれた桃介らしいやり方だと思った。

「福沢さんは、この山下を宴席のはしっこに座らせ、いまをときめく名士の皆様に一言お詫びのあいさつをせよ、とでもいうのでしょうか」

と、亀三郎は訊いた。

保固はすっかり白くなった、自慢の口ひげをなでながらいった。

「はしっこはちがうな。きっと君は床の間の金屛風の前に、桃介君とならんで座ることになるよ」

「福沢さんの横ですか！」

「うん。桃介君がやりそうなことだ。みんな桃介君のところへお酌にくる。すると桃介君はそばにいる君へも酌をするよう勧める。それで君は連中から自然とお流れ頂戴、となる。どろ亀であれなんであれ、お酌に参上した連中は桃介君のいうことに逆らうわけにはいかん。みんな名士様なのだからなあ。立派な人格者だ。桃介君のかたわらの君に酒をつぐことになる。ただし、連中は本性をあらわにしてぶつくさいうに決まっている。ぶつくさいい、顔をしかめ、いやみをこぼしながら、君に酌をする。桃介君はその様子を見てたのしみたいのだよ」

「これは、福沢さんの座興だ！」

「それだけじゃないさ。君が桃介君のそばに座り通せるかどうか、かれは君の胆力をためそうとしている。それとこの際、名士一人一人の腹のなかをのぞきみようと、まあ、そういう魂胆だ」

「そうか、そういうことですか」

亀三郎は迷いがすっと消えた。ストレートではないが、桃介が手をさしのべてくれている。

「君なら座り通せるさ」

亀三郎はひとつうなずき、いった。

「それにしても、いたずら好きな人だ」

「それは、天下の福沢先生が惚れ、娘婿にした人物だからね。名士諸君とはもともと器《うつわ》がちがうさ」

保固は気持ちよさそうに笑い声をたてた。

帰り際、気分が軽くなった亀三郎は訊ねてみた。

「保固さんは、まさか株などやらんでしょうね」

「そんなことはないさ」

保固はすぐに否定した。眼差しはすっかりやさしくなっている。

「株のことを話せば、僕はね、君に偉そうなことをいえる資格なんてないんだ。君は戦争で儲けた金をなくしたが、石炭と船の店はのこった。戦後不況のどん底からぬけだし、景気は回復してきているから、店はやがて立ち直るさ。その点、僕はというと、日露が戦争しているとき、モリムラ・ブラザーズの金を株にそそぎこみ、ニューヨークの店に大穴をあけてしまった」

保固は率直に打ち明けた。

「店に大穴ですか、保固さんが？」

「そうだ、日本円で三十万」

「そのような大金、どう始末されたのですか？」

「森村の親父がかぶってくれた。そうだ、そのときの手紙は肌身離さずもち歩くようにしている。ちょっと待ちたまえ、もってくるから読んでみるがいい」

保固は奥のへやにゆくと、すぐ奉書紙を手にもどってきた。ひらいて、森村市左衛門がニューヨークの保固にあてた手紙のさわりのところを指で示した。骨太の字でつぎのように墨書されていた。

「勘定尻参拾萬圓の大穴には一驚を喫し候。直ちに私財で始末した故御安心下され候。道楽息子の尻ぬぐいと思えば何でもなく候。これと申すのも、森村組と云う小さい仕事に貴殿の大才を用ゐるに不足であった為であろう」

亀三郎はゆっくり一読し、顔をあげた。保固はいった。

「三十万円は森村組にとっても大金だよ。僕は大目玉をくってしかるべきなのに、この手紙だ。もう一生、森村の親父に頭はあがらない。上に立つ者の大きな度量を見せつけられたね。アメリカでも日本でも僕はこの手紙をいつも肌身離さず身につけ、自らを戒めるようにしている。人間には神と獣《けもの》が同棲しているからね。よこしまな思いがわきあがれば、すぐにこの手紙を読むことにしているのさ」

保固は奉書紙をご神体のように押しいただき、胸元へしまいこんだ。

九月のはじめの満月の夜、福沢桃介がよびかけた宴会が「新喜楽」で催された。

宴はほぼ保固が推測したとおりだった。ちがうところは、金屏風の前に座ったのは桃介ひとりで、横浜を逃げ出した亀三郎は指定席だった。それも八十名ほどの名士たちのなかでは一番の上座である。

(これは、わしの日本海海戦や)

亀三郎は赤褌をぎりぎりとしめ、指定された席へどっしり腰をすえた。

桃介の期待どおり、宴席がはじまる前から、聞こえよがしにぶつくさ言い放つ者が何人もいた。当然、亀三郎の隣の席にはだれも座ろうとしない。

「なんでどろ亀が上座におるんだ！」

と舌打ちし、ずっと離れたところへ座る者ばかりである。亀三郎はひたすら頭をさげ、射すような視線に耐えていた。すると、隣ににこやかな微笑を浮かべて腰をおろしたのが、第一銀行横浜支店の石井健吾だった。やがて石井にならって亀三郎の近くの座はうまり、宴がはじまった。

桃介のあいさつがすむと、亀三郎は勇気をふるって立ち上がり、みずから出席者全員へ酌をしてまわり、お流れを頂戴することにつとめた。もちろん罵詈《ばり》雑言《ぞうごん》をあびせてくる者や顔をそむけ酌に応じない者もたくさんいた。金屛風を背にした桃介は、五体を亀のように畳になげだしてはいずりまわる亀三郎の様子をちらちら盗み見ていた。

宴がおわり往還へでると、中空に満月が輝いていた。

亀三郎の口からふと、一句こぼれでた。

奢《おご》るなよ　月のまるきも　ただ一夜

第三章　身のほど

多士済々

話は少しもどる。

戦争景気に乗じて巨富を手に入れ、亀三郎が横浜で得意の絶頂にいるころ、横浜石炭商会で働きたいという学卒者がぼちぼちやってくるようになった。

その最初が玉井周吉である。

「船に乗りたい」

と開口一番、玉井はまっすぐな視線を店主へむけた。

面構《つらがま》えは精悍だった。新調したばかりの洋服にピカピカの革靴、胸に真っ赤なネクタイをしている。

亀三郎は青年をじろっと一瞥《いちべつ》し、応募の理由《わけ》を訊《き》いた。

かれは兵庫淡路の魚問屋の跡取りだった。地元の中学校をでたが、生家が没落し故郷をはなれた。仕事を転々としながら、アメリカへ渡って一旗揚げようと渡航資金をかせいだ。そして横浜へやってきて、港近くに宿をとり、四番波止場でアメリカゆきの船が入港するのを待っていたが、いっそ船会社に職を見つけ、船員になって渡航したほうが得策だと気が変わり、港周辺で情報を仕入れた。するとだれもが横浜石炭商会の山下亀三郎に会ってみろ、と勧める。それで来たのだ、という。

「I can speak English very well!（英語がよくできます！）」

と玉井は巻き舌でつけたし、胸をはった。

亀三郎はぷいと顔をそむけ、いかにも不快そうである。ハイカラとキザは石炭商売にも海運にも向かない、というのが亀三郎の信念である。大金を動かして事業を拡大し、名士をあつめて豪奢な宴会をやればやるほど、亀三郎は以前よりもまして実直な人物を好むようになっていた。

お前さんには用はないよ、とそんな顔をして亀三郎は黙り込んだ。

これではとりつくしまがない。玉井はすごすごと帰っていった。

翌日、ブローカーの御前長之助が現われ、もう一度会ってくれんか、と玉井との面接をたのんだ。横浜石炭商会へゆけと勧めたのは自分なのだという。亀三郎がしぶしぶ承諾すると、昨日とはうって変わった服装の玉井がへやにはいってきた。清潔だがぼろぼろで端がすりきれた単衣に兵児帯をまき、足もとは下駄履きである。まるで別人だった。いったいどうしたことか。

亀三郎があっけにとられていると、御前が説明した。

昨日の派手な洋装は、玉井がアメリカに渡るために貯えた金をはたいて、面接用に買いそろえたものだった。不採用になった玉井から相談をうけた御前は、ふだんのすがたに着替えさせたのだという。

亀三郎は目尻をさげ、盆栽を愛《め》でる表情になった。

「それは、いつもの衣服かね」

「はい、ひさしぶりに洗濯しました」

「昨日の洋服はどうした？」

「質にいれました」

「靴もかね」

「はい、もとより着る気はありません」

「そうか、渡航費用で買いそろえたと聞くが、惜しいことをした」

「働いて、とりかえします」

玉井は即答した。

亀三郎の口元に笑みがこぼれた。

「君は骨相がよい。ひとつ働いてもらおう」

急転直下、亀三郎は採用した。学卒者がほしい背景もあった。

この当時、まだ日本人の船員は十分に育ってなく、喜佐方丸でも船長をはじめ高級船員はすべてイギリス人だった。運航に際し、燃料、下級船員の数、用度品、食料などはすべてかれらの要求どおりである。不正が横行しているにちがいなかったが、意思疎通がうまくゆかず監督ができない。そこで新興の不定期船業界では英語ができて事務能力も高く、さらに胆力のある日本人乗組員をもとめていた。

玉井ならできる、と亀三郎は見こんだ。

玉井はさっそく第二喜佐方丸の事務長に起用され、英和辞典を手にして乗り込んだ。亀三郎の目に狂いはなかった。玉井は辣腕《らつわん》をふるい、横領や横流しを未然に防ぎ、運行経費を大幅に削減した。玉井はアメリカへは渡らず、横浜石炭商会を継承発展させた山下汽船で活躍し、その後、独立して玉井汽船を興すことになる。

玉井のように外国人船員をつかいこなせる事務長がほしいので、英語ができるしっかり者がいたら世話をしてくれ、とあちこちに声をかけていると、鋳谷正輔《いたにまさすけ》という男がやってきた。英語とそれに中国語が少しできるが態度がひどく横柄である。面接のしょっぱなから店主の亀三郎をにらみつける。言葉をかわすと、人を人ともおもわない物言いだった。これでは雇う店もないだろうと亀三郎はへんに感心した。

「明治のこの世は、わたしら長州人がつくったも同然」

と胸をはり、威張っている。下関の馬関商業をでていて、高杉晋作に私淑していた。

亀三郎は訊いた。

「あんた、回り道は好きかね」

「ここにきたのも道草、まっすぐな人生なんか好かんです」

鋳谷は悪びれずにいう。

「うちにはいって、どうするつもりかね」

「どうせおもろうもない人生やから、しっかり遊び、かせがしてもろて、先々独立します」

鋳谷は採用前からぬけぬけと独立を宣言した。

使いこなすには少々骨がおれるだろうが、事務長として船内を取りしきるにはもってこいの人物だった。亀三郎は貨物船を購入すると、そのつど初代事務長に鋳谷を配することにした。鋳谷の人心掌握術は天性のものがあった。かれは山下汽船を退社した後、川崎造船、川崎汽船、川崎航空機など川崎系企業の総帥となる。

もちろん終生、亀三郎と苦楽を共にした者もいる。

膨大な借金の返済に苦しんでいたころである。九州の熊本から横浜石炭商会を訪ねてきた若者がいた。亀三郎が長男の太郎をあずけていた済々黌《せいせいこう》第五代校長の井芹経平《いせりきょうへい》の遠縁にあたる青年で、福本貞喜《さだよし》といった。長崎高商をでたものの戦後不況で職がなく、なにか商売をはじめようとしていたところ、井芹が横浜石炭商会へゆくようにすすめたのだった。

「山下という男は学はないが、実に面白い男だ。横浜石炭商会は御用船で大儲けしたとも聞く。まだ小さな店だが、独立したいのなら、山下の下で働いたらよい。仕事を覚えるのにもってこいの店だ」

福本は井芹から聞いたことをそのまま店主に伝えた。彼はすでに亀三郎の下で働く気で上京していたが、店も亀三郎も多額の借金をかかえ、右往左往していることは知らなかった。浅黒い顔のなかで底光りする店主の目は、おいつめられ異様に昂《たか》ぶっているだけだったのだが、福本にはなにやら威厳があるように思った。

「田舎者ですから一週間、ひまを下さい」

「ほう、どうするのだ？」

「東京を見物するのです」

「そうか、だったらしっかり遊んでこい」

亀三郎は、丁稚一月分の給与をさしだした。

一週間後、福本は日焼けした顔でもどってきた。

「どうだった？」

「人が多いばかりで、たいしたことはありません」

「それはばかりじゃないだろ」

「はあ、おかげさまで」

「そうか、遊んだか」

「はい、すこしばかり……」

「未練はないな」

「さっぱりしました」

福本は頬を赤らめた。

「ふん、それはそうだろ」

亀三郎は一笑し、英語ができるか、たしかめた。

「読み書きなら自信があります」

「それで十分だ。明日から門司へ行ってくれ」

門司に開設した横浜石炭商会の支店を、さきざき神戸を拠点とした海運業の重要な出先にする構想が亀三郎にはあった。英語力のある店員がいないと海運のオペレーターはできない。福本は格好の人材だった。

いっぽう独立志向の福本にとってもまたとない勉強の機会だった。かれは門司で海運を学びながら、二年後に農商務省派遣の実業練習生にえらばれ、アメリカへ渡りたい、と亀三郎に申し出た。

「バカ野郎！　まだ日本のこともわからん奴がアメリカにいってなんになる。日本の海運をとことん勉強しろ」

亀三郎が叱りつけると、福本は太い眉をふるわせ涙をぽとぽと落とした。アメリカ行きも独立も断念したかれは、昭和八年に専務を辞任するまで亀三郎のもとをはなれることはなかった。

借金の返済に苦しむ亀三郎を救ったのは、郷里からつれてきた白城《しらき》定一《さだいち》だった。少年の亀三郎が家出をした際、七円借りた白城清太郎の息子である。喜佐方村の小学校をでた白城少年は村役場の小僧をしていた。亀三郎が喜佐方丸を郷里の港へ回航し、故郷に錦を飾ったとき、村長から少年を横浜へつれていってみないか、とすすめられ、店童《てんどう》として引き取ったいきさつがある。店童というのは、丁稚にかわる横浜石炭商会独特の呼び名で、小学校あがりで入店した少年たちは、店童として鍛えられ一人前になっていった。

白城の場合は、すこし特別あつかいだった。

亀三郎は横浜高等学校教授の米田杢太郎《もくたろう》に話をつけ、白城少年に五年間、夜学校で国学と語学を学ばせた。白城は東京市日本橋北島に本店をおいた山下汽船に転出したあとも、東京帝大で教鞭をとるイギリス人博士の夫人から英語を学びつづけた。大正から昭和にかけて、白城は卓越した語学力と高い見識を存分に発揮し、山下汽船の世界的な発展に貢献する。そして昭和七年に政界へ転出すると、政府筋にはたらきかけて日満鉱業株式会社を興し、満州を舞台に実業の世界で活躍し「鉱山王」とよばれるようになる。

その白城が横浜の店に勤めながら、夜学校で国学と語学を習っていたころである。

鎌倉の三橋に宿をかりた亀三郎は、店のおもだった者をあつめ、借金の返済方法について意見を求めた。通常、世間では元金均等と元利均等をくみあわせて、短くて三年、長くて二十年の返済方法がとられていた。そこでこの方法を踏襲し、かつ返済期間をできるだけ伸ばすための工夫にみんなが智恵をしぼった。しかし前提の制約が大きく、どの方法も似たり寄ったりで窮乏を打開するようなものではなく、提案があるたびに、かえって状況の深刻さがきわだち、みんなは押し黙ってしまう。

身の回りの世話役できていた白城青年がお茶を配りながら、

「人情のはいる余地はないのでしょうか」

とおそるおそる口をはさんだ。

車座になったみんなの顔がこわばった。棒引きしてもらえるものなら、こんな苦しみは味あわなくてすむ。

「店童は、だまっとれ！」

古株の番頭が一喝した。しかし、よい智恵は浮かばず、空気はさらに気まずくなった。

「定一、どういうことや？」

亀三郎がへやの隅で身を縮めている白城に、やさしく声をかけた。

「はあ……」

と、白城は声をもらし、目を光らせた。

「かまわん（遠慮するな）、いうてみよ」

亀三郎は伊予なまりでうながした。

「いまの時代に通用せんのは承知していますけど、もうかったときにたくさん返す、というのが昔の人情話にあったような気がして、ついそんなことを考えたのです」

「もうかったときにたくさんか。なるほど、たしかに均等割だけが返済方法ではないわな」

亀三郎はすぐに理解を示した。

白城は車座のなかにわりこむと筆をとり、和紙にさっと菱形《ひしがた》を描いた。座のなかへ和紙をおき、

「最初はすこしずつ、もうかりだしたら返済額をどんどん大きくしてゆき、大半を返して山をこえたら、返済額がだんだん小さくなる。だから、こんな形になります」

白城は筆で、菱形の図形の線をなんどもなぞってみせた。

「なんだ、この形は菱餅《ひしもち》に似ているなぁ」

と、だれかがいった。その菱餅の外周をなぞり、対角線をひきながら白城が説明する。

「菱形の山が高ければ高いほど、返済期間は短く、山を低くすれば長くなります」

「しかし、これだと借り手は融通無碍《ゆうずうむげ》で都合がよいが、貸したほうは納得すまい」

と、別の者が意見をした。

「はい。だから相手様としっかり話し合い、菱形の形をそれぞれ相手様のご都合をいれて工夫すれば、応じてくれる可能性はきっとあります。つまりすぐに大金がほしいところもあれば、しばらくはゆるゆる返してくれたらええ、という方もおられると思うのです」

「なるほど」

ひとつ頷くと、亀三郎は立ち上がり、

「目から鱗《うろこ》とはこのことや。定一、いわんとするところはようわかった。この方法やと、うちは返済の目途がたつぞ」

と断言し、拳をにぎりしめた。

亀三郎には低迷している経済がじきに立ち直るはずだ、というたしかな予測があった。賠償金は取れなかったものの、日本が大国ロシアに負けなかったことを好感し、大量の外資が国内に入りはじめている、という最新の情報を久綱から仕入れていた。朝鮮半島と満州、それに広大な中国や南洋の市場が動き出し、海運は好況へ転じるはずだった。大もうけをしたそのときに返せるだけ返す。問題はこの返済方法を相手に認めてもらえるかどうかである。

亀三郎は声をつよめ、よびかけた。

「なあ、みんな。相手様のご意向をとことんきいて、承知して頂けるように山の高さを決める。そしたらおのずと返済期間も決まる。もうしばらくすれば、海運はかならず活況になる。そしてこの方法ならうちは必ず立ち直る。がんばって借金を返していこう」

この鎌倉会議の翌日から連日、亀三郎は白城と福本をつれ第一銀行をはじめ、各地の債権者のところをまわった。貸し倒れになるよりは、いくらかでも資金が回収できるほうがよいに決まっていた。ほとんどの債権者は返済期間を二十年とするこの奇想天外な方法で手をうった。のちに菱形銷却法《ひしがたしようきやくほう》とよばれるこの方法は、第一次大戦にともなう造船と海運の未曾有の好況に助けられ、返済期間がわずか七年に短縮され、借金はすべて完済されることになる。

借金返済の道筋がついた明治四十四年六月、亀三郎は資本金十万円で山下汽船合名会社を設立し、経営基盤を石炭から海運へ移行させた。

二年前からヨーロッパ向けの大豆、それに東南アジア向けの石炭の輸送が増加し、つづいて北海道の木材、ラングーンとサイゴンの米、それに台湾のジャワ糖の輸出入がさかんになっていた。

亀三郎は膨大な借金をかかえる一方で、大幅な船腹の拡充をはかる。中古だが、二千トン級の貨物船二隻と四千トン級の貨物船を一隻、いずれも安い船価で手に入れた。さらに第一次大戦が勃発する前までに、中堅の海運会社から六隻の貨物船を受託用船し、活況にそなえた。

拡大路線をとる山下汽船に慶應義塾、早稲田実業、横浜高等学校など都心の学校だけでなく、中四国や九州の小学校高等科と中学、高商をおえた個性的な英才がどんどん集まってくるようになった。小学校卒は店童、中学と高商は襟詰組《えりづめ》とよばれ、これに大学卒や大阪商船、飯田物産などからひきぬかれた俊英も加わって切磋琢磨する社風がつくられてゆく。そして大正から昭和にかけて、山下汽船は山下学校とよばれるほど、優秀な人材を育成する企業へと成長していった。

ちなみに作家で東京都知事の石原慎太郎の父親の石原潔は、亀三郎が目をかけた店童のひとりである。石原はかつて亀三郎が落第した宇和島中学を中退したあと山下汽船に入社し、樺太の木材運搬で実績をつんだ。その後、亀三郎が所有する逗子の別荘で慎太郎と裕次郎を育てあげ、昭和二十六年十月、関連会社の専務のときに急死している。

孫文と真之

神戸市栄町に支店を設けて間もないときである。兵庫の材木業「角丸商店」と取引するようになり、亀三郎は二代目店主の高野進を知った。文筆の才ゆたかで、高野から書簡をもらうと、なるほどと納得し、その申し入れをききたい気持ちにさせられる。書簡を何度かうけとるうちに亀三郎は高野に会いたくなった。聞けば、神田一ツ橋の東京高等商業学校をでているという。できることなら口説き落とし、神戸支店で働いてもらいたかった。

そこで明治四十四年の暮れ、神戸支店にでかけたおり、亀三郎は宴席をもうけて高野に一献をかたむけた。

想像したとおり高野は覇気旺盛で博識だった。なにを訊いても打てば響くような返事がかえってくる。亀三郎はすっかり気にいった。芸子をひきあげさせ、人払いをしてふたりきりになると、一緒に働かないかと誘った。すると高野は声をひくめて、意外なことを口にした。

「ぼくは山下さん、生まれる時代を半世紀、まちがえました」

「ほう、それは髀肉《ひにく》の嘆ですかな。半世紀といえば幕末」

「そうです。幕末は面白い」

高野はうなずくと、太い眉をあげた。酌をしながら亀三郎は話を合わせた。

「つまり、あなたは安逸《あんいつ》よりも動乱を好むと？」

「いや、動乱じゃありません。破壊と創造ですよ。明治の国づくりこそ男子の本懐でした」

「なるほど、明治の御一新は昔のことになったが、しかし高野さん、いまは海運こそ、この日本の国づくりですよ」

と、亀三郎は本題へはいろうとした。

「たしかに海運は魅力です。材木なんか売りさばいているよりもずっといい。海運は繁栄の動脈です。ただねえ山下さん、ぼくはせめてもう十年早く生まれたかった。そしたら迷わず支那へ渡っていた。支那の国づくりに参加していましたよ」

「支那ですか」

「はい、支那です」

高野は語気を強めて復唱した。

「つまり、あなたは国づくりの志士になりたかった。しかし日中どちらの維新にも遅れてしまった、ということですかな」

「そうです、そのとおりです。日本では西郷や大久保、そして支那では宮崎滔天《とうてん》に先をこされてしまいました」

「宮崎滔天?」

思ってもみない人物の名前がでて、亀三郎は内心ひやりとした。

「宮崎滔天ねえ、あれはしょせん浪曲師ですよ」

とすぐに浪曲師としての一面を強調し、中国の話題に深入りしないように気をまわした。もちろん、日本人志士の宮崎滔天なる人物が革命家・孫逸仙《そんいっせん》(孫文)を早くから支援していたことは知っている。しかし案じたとおり、高野は一気に気分が高揚したらしく声を高めた。

「山下さん、あなたは支那をどう見ていますか」

「支那? さあ、わたしにはとんと……」

亀三郎は口にハエがとびこんだような顔になった。高野がどのような意見を期待しているのか判断に迷い、宙をにらんだ。

中国は混乱のさなかにある。年のはじめ、清朝《しんちょう》政府が民間鉄道を国有化するという政令を発布してからというもの、この政策に反対する運動が四川《しせん》、湖南《こなん》、湖北《こほく》、広東《かんとん》の四省に燃えひろがった。九月になると四川省が清朝に反旗をひるがえし、さらに十月十日、武昌《ぶしょう》の軍隊が蜂起し、中国同盟会の影響の下に湖北軍政府が成立した。

この中国同盟会というのは、明治三十三年十月の恵州（広東省）蜂起以後、国内外で革命運動をつづける孫文が、在日の中国人留学生や華僑勢力に支援され、日本の革命家・宮崎滔天の仲介で明治三十八年八月に東京で結成した中国革命の中心組織である。

湖北軍政府の成立は、清朝を倒し共和国政府を樹立する動きを一気に加速させる。いまや中国国内の十五の省が清朝政府からの独立を宣言し、清朝の支配からはなれている。

湖北軍政府が成立したとき、革命資金調達のためアメリカにいた孫文は、革命の承認をもとめてヨーロッパ各国をまわったあと、十二月二十二日に客船デンバー号で香港へはいり、二十五日には盛大な歓迎のなか上海へ上陸した。この不屈の革命家の帰国を日本人の一団も上海へでかけて、出迎えている。そのなかには犬養毅《いぬかいつよし》や政治結社玄洋社《げんようしゃ》の頭山満《とうやまみつる》がいた。

このような中国情勢は、新聞で逐一報道されているので、たいていの人は知っていた。もちろん亀三郎も承知のことで、新聞以上のことも数多く知っている。知っているのだが、なるべく知らんふりを決め込んでいる。仕事のことしか関心がないように装い、相手にとことんしゃべらせて情報を得る。これが亀三郎のスタイルだった。

ふだんから他人《ひと》には、自分は学歴がないので、英語はもちろんのこと、契約書の内容もよく理解できず、文章らしい文章など書いたこともない、と亀三郎は広言していた。相手を興に乗せ、無学をよそおって情報をあつめる。そして自分が知り得た情報は不用意に他人にもらさない。これが海千山千の商売人たちの中でもまれるうちに身についた亀三郎の流儀である。

煮魚の金目鯛の目玉のまわりの肉を箸でつかみ、口にふくんでじっくり味わうと、

「ながいあいだ、支那は日本の教師でしたからなぁ」

と亀三郎はあたりさわりのないことをいった。

すると高野は箸をおき、酒をのどにながしこむと滔天のことを熱っぽく語りだした。自分が中国に関心をいだくようになったのは、滔天が中国革命にかかわったいきさつを「二六新報」という新聞に連載したのを読んだのがきっかけだ。このなかで、滔天が孫文とのはじめての出会いを書いた場面は、文章もその内容も格調高く、自分のこころをいまもつよく揺さぶってはなさないのだ、というのである。

このふたりの運命的な出会いというのは、明治三十年の九月のはじめである。国外に亡命中だった孫文がロンドンを出発し、カナダ経由で横浜に到着してから半月あまりたった日の朝のことである。横浜で孫文を迎えた中国人の同志から風変わりな日本人志士がいると紹介され、孫文は滔天に会う。

滔天はこのときのことを、五年後に縷々《るる》「二六新報」に綴ることになる。孫文のことが日

本のインテリや日本に滞在している中国人留学生に好感をもって知られるようになるのは、この滔天の文章がきっかけとなった。高野もそのひとりである。

　滔天は孫文の話を聞くうちに、かれの人物に魅せられていく心境を巧みな文章で綴り、読者をひきこんでゆく。高野はそのさわりをいまも覚えていて、

「諳《そら》んじると学生時代の熱い血がよみがえりますよ」

というと、拳で調子をとりながら亀三郎の前で諳んじた。

「孫逸仙（孫文）の如きは、実にすでに天真の境に近きものなり。彼、何ぞその思想の高尚なる、彼、何ぞその識見の卓抜なる、彼、何ぞその抱負の遠大なる、しかして彼、何ぞその情念の切実なる。我が国人士《じんし》中、彼の如きもの果たして幾人かある、誠にこれ東亜の珍宝なり、と。余は実にこの時を以って彼に許せり」

　まるで弁士のようである。亀三郎は拍手喝采し、

「なるほど、見事な惚れようですなあ」

　ひどく感心してみせた。

「そうです。滔天は孫文に惚れたのです」

「あなたも、そうでしょ」

「はい、もう十年はやければ、わたしは第二の滔天になっていましたよ。いまは学生のころのような情熱はないが、そのかわりもっと大きな視野から孫文を見ています。支那は清朝がほろび、これから共和政治がはじまるでしょうが、しかしなおあちこちに軍閥が勢力をはり、

その頭目の袁世凱《えんせいがい》が覇権をねらっています。孫文の革命がこれで完成とはならんでしょ。これから日本政府が孫文に対してどのような態度をとるか、じっくり見せてもらおうと思っています」

「なるほど、あなたのような方ににらまれると、支那に理解のある桂さんから、内閣をひきついだばかりの西園寺公もうかつなことはできませんな」

亀三郎はかるくまぜかえしながら、親しく交わりをかわすようになった真之と話しているような気分におそわれた。

「当然、孫文を支援すべきです」

高野は日本政府の中国外交を断じた。

「なるほど、孫文ですか」

亀三郎は相づちをうち、

「今日はええ話をうかがいました。高野さん、あなたにはこの神戸はもとより、日本だって狭すぎる。ひとつこの際、日本をとびだして、海運の本場イギリスへゆきませんか。一年か二年、ロンドンで遊んでもらって、それから神戸に帰ってきたらええ。滔天は支那に夢をみたが、あなたは世界の中心のイギリスで夢をふくらます。あなたが海運の世界に入るのなら、この山下が応援します」

と、一気に口説いた。高野は姿勢をただし、しばし沈黙した。亀三郎も背筋をのばし、まあ一杯、と酒をすすめながら、

「海運こそ、これからの日本の道です」

筆で書くように殺し文句をゆっくり口にした。

「ロンドンは本気ですか」

「もちろんです。山下汽船の海外発展をあなたに託そうとしているのです」

「ありがたいお言葉です。お気持ちにそえるよう考えてみます。しばらく時間をください」

というと高野は頭をさげた。

料亭からの帰途、人力車にゆられながら亀三郎はちょうど二年前の暮れ、古谷久綱を励ますために真之と誘いあわせて会食した一夜のことを思いだしていた。

その年の十月二十六日に、哈爾浜《ハルビン》駅構内で伊藤博文が落命した。秘書として伊藤と行動を共にしていた久綱は、被弾して倒れた伊藤を介抱し、病院で絶命するまで伊藤の傍らにいた。久綱にしてみれば暗殺という思いもしない大事件に遭遇し、とつぜん比類のない後ろ盾を失ったショックは大きく、家にこもってしまった。その久綱をなんとかひっぱりだして、赤坂の静かな店で杯をかたむけたのである。

このとき、久綱はさすがに口が重かった。そんな久綱にかわって、巡洋艦「音羽」の艦長として南清警備の任務に就いていた真之が上海の様子を語った。

外国人居留地の邦人の数は一万人をはるかにこえるまでふくらみ、大通りには蕎麦《そば》屋、うどん屋、すし屋などの和食の店がずらっと軒をならべている。すこし歩けば呉服屋も下駄屋もあり、味噌、醤油、豆腐は簡単に手に入る。居留地というよりも日本の植民地のようになっている。

そのようなことを紹介し、一呼吸おくと、

「ここで、おれはふたりの妙な男と知り合いになった」

真之は久綱と亀三郎の気を引くように声をひそめた。

「ほう、ふたりの妙な男、だれだね、それは」

亀三郎が反応した。

「うん、ひとりは山田純三郎という津軽出身の男だ。清国留学試験に合格して上海にわたり、東亜同文書院をでた。それでロシアと戦争がはじまると第三軍の乃木閣下の通訳官をし、戦後は満鉄上海出張所の駐在員になって三井物産上海事務所の一室を借り、満鉄と三井の仕事をやっている。まあそんな経歴だ」

「ふん、それでどこが妙なんだ。乃木将軍の通訳官だったということかね」

「ははは、それは山田純三郎の自慢話だ。実はこの男、東京に本拠をおく中国同盟会の工作員だ」

「なんだ、そんなことかや。驚くことでもあるまいが」

「まあ、聞け。妙だというのは、山田の正体が孫逸仙（孫文）の秘書だったことだ」

「ほう、孫文の秘書！」

「そうだ、かれが孫文と日本との重要な橋渡しをしていた」

と真之は応え、久綱のほうへ視線をむけた。

「君はこの山田純三郎という男を知らないか」

久綱は静かに目をあげ、

「多分……」

つぶやくとしばし黙考し、いった。

「その男は、明治三十三年の恵州蜂起で戦死した山田良政という大陸浪人の弟だと思う」

「そうだ、そのとおりだ」

真之は大きくうなずき、つづけた。

「純三郎氏が語るには、兄の良政は孫文の同志だった。孫文の指示をうけ恵州で武装蜂起したが、約束のあった日本からの武器が届かず、革命軍は政府軍につぶされ、兄良政は政府軍の手で処刑された。なあ古谷、恵州蜂起のとき伊藤閣下は総理だったから、側近の君はこのあたりのこと、知っているのではないか」

真之にいわれ、久綱は目を閉じた。角張ったあごの髭をなでながら、十年近く前の記憶をたどっているらしかった。真之と亀三郎は久綱が何を言いだすか、期待して待った。

久綱はいった。

「秋山さん、伊藤総理は国際的な視野をもっておられました。前任の山県閣下とちがって、孫文を支援する台湾総督の児玉（源太郎）さんや民政長官の後藤（新平）さんの言《げん》をいれず、日本の国際的な立場を考えられて、恵州で蜂起した革命軍に武器弾薬をわたすことを禁止された。しかし孫文にしてみれば、日本政府のうらぎりです。伊藤総理に約束を守るようお願いしてほしいと、犬養（毅）先生に要望した。孫文はこのとき台湾にいましたが、犬養先生との連絡役をつとめたのが山田良政です。犬養先生は総理のところへみえられて、革命軍に武器を与えてほしい、と強く迫ったが、総理はお断わりになった。支那の内紛に手を貸すようでは、日本は欧米各国の信用が得られない、という判断です。官邸は頭山満の玄洋社と犬養先生の息のかかった日本人革命家十数人の動きを監視しておりましたが、そのなかには宮崎滔天や山田兄弟の名前がありました。弟の純三郎氏が亡くなった兄の志をついで、孫文の秘書になったのは事の成りゆき上、当然のことだと思います」

「そうか、おれも恵州蜂起が失敗に終わった政治的な背景を推察してはいたが、君の説明で納得した。しかしなあ、清朝政府はここ十年でますます弱体化してしまった。同じアジアの日本がこれを好機に、支那を植民地化しようとしたら、それはとんでもない間違いだ。さいわい桂首相は支那に対して、同じアジア民族としてのつき合いを望んでおられる。国と国というよりも、日本人と支那人というお互い人間同士の信頼や友好を深めていくことが、アジアの平和に役立つはずだ」

と真之はロシアとの戦いに勝利した桂太郎首相が、ふたたび内閣を組織していることに期待をよせた。

「淳さん、その山田純三郎という男のことはわかった。それで、あとひとりの妙な男はだれだね」

亀三郎は話の先をうながした。

「うん、それだが、実はもう話のなかに出てきたさ」

「なんだ、まわりくどい。きっと滔天か頭山だろ」

「いや、もっと大物だ」

「じゃあ、いま満鉄総裁の後藤か」

「ちがう」

「だったら、台湾総督の児玉だな」

「いいか、山下。山田純三郎がおれに会いにきた目的を考えろ」

真之が誘導し、

「まさか、孫文！」

亀三郎も久綱も同時に声をあげた。

「そのとおり。孫文と山田の家で会った」

「秋山さん、それはここだけの話ですね」

久綱がすぐに念をおした。二年前、日本政府は清朝政府の依頼をうけいれ、孫文を日本から追放している。

「もちろん、そう願いたい。まあ同郷のよしみだ。いっておこう。この先、支那は南方の勢力に支持された孫文やその弟子たちが政権をとるとおれは確信している」

「清朝はつづかんということか」

「支那はいま維新前の日本と同じ情勢だ。孫文は小柄な男だが、支那の民衆のこころをしっかりつかんでいる」

滅多なことでは人を褒めない真之が、本気で孫文を褒めていた。

「淳さん、あんたは孫文に惚れたな」

亀三郎は徳利をわしづかみにすると、真之のコップに酒をついだ。

「まあ聞け。孫文との出会いはおれにとって、東亜の平和に思いをはせるよい機会になった」

そういうと、真之は孫文との一部始終を語った。

案内されたのはフランス租界のなかにある三階建ての洋館だった。二階の一室にとおされしばらく待っていると、すそが足首までとどくガウン式の白い支那服を着けた孫文が微笑を浮かべながらはいってきた。両手をさしだして客の真之に握手をもとめ、

「ようこそ、おいで下さいました」

と、日本語で歓迎した。

ほぼ同じ背丈だが、向かい合うと孫文はずっと大きく感じられた。写真で見なれた顔よりもぐっとしまっていて、革命家というよりは腕の良い医師の印象があった。

会話にときどき日本語がまじったが、多くは山田が通訳した。要点はつぎのとおりだった。

「あなたは日本の海軍に何を望むか」

「海軍兵学校や機関学校がわが国の若者を受け入れてほしい」

「その若者というのは革命軍の兵士か」

「そのような兵士はいない。が、国の将来を憂《うれ》える若者はたくさんいる。かれらは日本人がアジア民族と一体であると思っている」

「アジアが一体である、という考えは自分も同じだ」

「では、わが国の若者がもっと日本で勉強ができる機会を増やしてほしい。日本海海戦の英雄でもあるあなたは、これからの日本海軍をになう人物でもある。ぜひ、お願いしたい」

「教育への支援は賛成だ。考えておく」

　と真之は応えた。

　将来を見通せば、日中の海軍の将校が教育をとおして連携を深めておくことは、欧米の理不尽なアジア侵出をふせぐことにつながる。と確信している真之は、帰国するとさっそく上層部へ上申書をしたためた。

　しかし、「海軍は支那からの留学生をドシドシ受けいれよ」という真之の献策はとりいれられなかった。

　真之は三年余りの海上勤務をへて、いま第一艦隊参謀長の要職にある。孫文の革命がすすんでいるとはいえ、高野がいうように袁世凱を頭目とする北方勢力は油断のならない相手である。支那がこれからどのような方向へすすむにしろ、孫文とつながりのある真之からの情報は大事にしなければならん、と亀三郎は思った。

明治がゆき、大正になった。

亀三郎はやがて活況がやってくることを信じ、借金をかかえながらも船腹を拡大していた。またこれと並行して神戸支店の陣容を充実させた。さきざき神戸を海運業の拠点とするつもりである。

ところが景気はいっこうに上向く気配を見せなかった。東京の兜町《かぶとちょう》も大阪の北浜も人通りがめっきりすくなくなっていた。経済活動は滞り、株価はながらく低迷をつづけたままである。

こうしたなか、サラエボ事件からひと月たった大正三年七月二十八日、オーストリアがセルビアに宣戦布告した。そしてドイツは翌八月一日にロシア、つづいて三日にフランスへ、さらに翌四日にはイギリスがドイツへ宣戦布告し、戦火は一気にヨーロッパ中にひろがった。大戦の勃発でヨーロッパ各国間の貿易は中断した。株価は国際経済のゆきづまりを懸念していっせいに下がりはじめた。

十一月初旬だった。亀三郎は幹部を神戸支店によび集めて熱弁をふるった。

「非常時こそ躍進の好機である。中小の一杯船主のもとへどんどん足をはこび、一緒に酒をのんで仲良くしろ。これからの商売相手は一杯船主や。日本中の一杯船主と手をむすび、委託船や用船の数をどんどん増やし、わが社のオペレーター部門を発展させて新しい取引先と新たな航路を開発し、トランパー（不定期船）の雄をめざすことにしたい」

おりしも山下汽船が所有している古船三隻をサミエル商会へ一年間提供する契約が成立したばかりで、オペレーター部門の充実に異を唱える者はいなかった。

ところがつぎの提案は幹部全員を困惑させた。

「わが社もそろそろ自前の新造船をもたにゃいかん。これまでずっと中古の船を買って運用してきたが、このような姿勢では会社の勢いがそがれる。この際、一万トンクラスの貨物船をつくる」

と亀三郎がぶちあげたからである。

みんなは一瞬、自分の耳を疑った。ざわめき、たがいに顔を見合わせ、それから年長で船員支配人の鋳谷《いたに》のほうを見た。こうしたときの諫言役は、鋳谷が適任だった。

「うちはいま、ご承知のように用船をいれて約二万重量トンを運行しております。日本郵船三十八万トン、大阪商船十八万トン、この両横綱にくらべたらうちは幕下ですな。このご時勢、大横綱の二社はもとより、大関から十両クラスの会社まで、じっと首をすくめて様子を見とるのに、幕下のうちが一万トンもの船をつくるなど、どう考えてもわけがわからん！」

と鋳谷は幹部全員の意見を代弁して反対した。

戦争をはじめたドイツの皇帝ウィルヘルム二世は、「ベルリン公園の樹木が落葉する前に戦争は終結する」と言い、日本の学者や実業家は、「ドイツは食料不足でじきに武器をおく」と予想し、河上肇《はじめ》は、「白人同士が真剣に戦うとは思えない」といずれも戦争の早期終結を広言している。

つまり識者のだれもが、この大戦は長くても来年末までには終わる、と想定していた。だからもし山下汽船が戦争景気に乗ろうとしても、発注する船の竣工は二年先になるから、とても間に合わない。それに、そもそもいま世界は不況の最中である。船をつくるなどもってのほかだ、というのが幹部の一致した意見だった。

財界に大きな影響力をもつ井上馨《かおる》侯爵が「大戦の勃発は日本国運の発展にたいする大正の世の天佑である」と調子よく景気浮揚をあおったものの、経済界はまだ息をひそめ、事態のなりゆきを見つめていた。

鋳谷の反対に応じて、

「一万トンが大きいのなら、小さくしよう」

亀三郎はゆずって話をすすめようとした。

「小さくって、半分ですか」

「うん、まあ、おれにまかせろ」

「どうしてもつくりますか」

「吉田丸、と郷里の名前をつけることにしておる」

亀三郎は船名をもらし、神戸の川崎造船へ発注する、といった。

それまで黙って聞いていた総支配人の玉井が、

「社長、山下汽船はもう個人商店ではありませんぞ」

と、やんわり亀三郎を諌《いさ》めた。

「心配はわかる。しかし世間と同じことをしていたら、発展はない。郵船や商船と肩をならべるには、チャンスをつかまにゃならん。いまがそのチャンスやないか」

と亀三郎は力をこめたが、みんなは不安な表情をうかべ押し黙ってしまった。すると気まずい沈黙をやぶってドアをノックする音がし、事務員が顔をのぞかせ、赤電です、と亀三郎に告げた。

「なんだ、机においておけ」

「それが、ロンドンの高野支店長からです」

「おお高野か、だったらここへ」

高野には開戦後、ヨーロッパの市況を逐一報せるよう命じていた。亀三郎は電文をうけとり、一読した。

〈鈴木商店ガロンドン市場ニオイテ大量ノ鉄ヲ購入シテイル〉

一瞬、亀三郎の頰がふるえた。

(いよいよ金子さんが動き出した!)

待ちに待った報せだった。

「鈴木商店へすぐ電話しろ。金子さんがいるか確認してくれ。いたら、山下がこれから会いにゆく、と伝えてくれ」

と事務員に命じた。それから、怪訝な顔の幹部たちに、

「ここはおれにまかせろ」

断じると、強引に会議を打ち切った。

亀三郎は人力車をよび、鈴木商店本店にかけつけた。

鈴木商店はもともと神戸市内の小さな個人商店だった。明治二十七年に店主が他界し、番頭の金子《かねこ》直吉《なおきち》が店舗の采配をふるうようになって、鈴木商店は日本でも有数の総合商社へと急成長する。

金子直吉は土佐の田舎の人間である。砂糖屋の丁稚や質商で働きながら商いを学び、明治十九年、質商の主人の口利きで鈴木商店に雇われ神戸にやってきた。商才が開花したのは日清戦争後である。

植民地になった台湾の産業として樟脳《しょうのう》が有望であることを知った直吉は台湾にわたり、民生長官の後藤新平の手足となって信頼を得た。直吉は樟脳の販売権の六十五パーセントを手にすることに成功し、鈴木商店飛躍の土台を築く。

このころ鈴木商店は砂糖を大阪の日本精糖会社から仕入れていた。この会社の重役は茶屋遊びが三度の飯よりも好きだった。商談となると茶屋へ芸者をはべらせ接待づけである。直吉は茶屋遊びが性に合わない。端唄《はうた》のひとつも知らず、妻以外の女の手をにぎったこともない。

「こんなバカバカしい取引はごめんこうむる」

ひそかに製糖会社をつくる機会をねらっていた直吉は、「戦争が近い」という情報を後藤新平から耳にし、門司と小倉のなかほどにある大里《だいり》に、樟脳でもうけた二百万円を投資して製糖所をつくった。そして日露戦争で糖価が急騰すると建設費をこえる莫大な利益をあげた。

もっとも大里製糖所は創業当初、真っ白いサラサラな砂糖ができず、苦労ばかりがつづいた。こまった末に、アメリカから技術者を招こうとしていた矢先、ふらりと大里にやってきた男がいた。会って話を聞いてみると、日本製糖の職長だった。茶屋遊びに明け暮れる重役のために汗水流して働くのがバカらしくなり、直吉のところへやってきたのだった。優秀な技術者をむかえいれ、大里は最良の砂糖を生産するようになる。

すると明治四十二年、最大手の大日本製糖から大里に七百五十万円で買収合併したいと提案があった。直吉は百万円安い六百五十万円で製糖所を売り、そのかわりに北海道、九州、山陰山陽、朝鮮における砂糖の販売権を手にし、砂糖の市場価格を支配した。

「エントツ男」といわれるほど、直吉はかせいだ金を製造業に投資していた。大里を手放した金で神戸製鋼所を創設、さらに製塩、油脂、ビール、タバコ、製粉、酒造、輸送、電気軌道、生命保険など大小二十社以上の企業を起こし、鈴木商店の傘下においた。さらにロンドン、ニューヨーク、シドニー、ペトログラードに支店を開設した。そしてその他の主要都市には出張所をおいて店員を派遣し、世界のすみずみまで情報網をはりめぐらせている。日夜を問わず世界各地からひんぱんに電報がはいるので、直吉の机の上はいつも赤色の電文がつまれ山をなしていた。

「金子の鈴木か、鈴木の金子か」

といわれるようになっても、直吉は当主の未亡人鈴木よねにとことん忠誠をつくしていた。

俳句をよくし、みずからを「白鼠《しろねずみ》」と号している。

　初夢や太閤秀吉奈翁《ナポレオン》

と事業で日本を支配し世界を制圧する夢をいだく。

〈天上天下唯我君国独尊ハ軍人ノ心剣ナリ〉

と満腔《まんこう》の愛情を君国に捧げる真之のような国士ではないが、忠誠心という一点では、直吉と真之には相通ずるものがある。

海軍の戦術をきわめ、ロシア艦隊を殲滅《せんめつ》する作戦計画をたてることが一生の大道楽だった真之と、事業で世界制覇を目論む直吉は、ともに気宇壮大で視野が大きく、それでいて現実を冷静に分析する能力に長けた徹底した合理主義者である。そしてともに目的に向かって没我するあまり、周辺のことにはまるで無頓着である。容貌はまるで対照的で、真之はいかにも軍人らしく、直吉は商人になるために生まれたようなのっぺりした顔である。亀三郎はいつも真之に会うような気持ちで、鈴木商店へでかけていた。

　資本金十万円の海運会社社長の亀三郎と直吉では、事業家としてどだい格の違いがあるが、このふたりの間をとりもったのは福沢桃介である。

　大戦がはじまって間もなく、直吉が大蔵次官の浜口雄幸《おさち》のところへ、「戦時海上保険補償令」を早急につくるよう陳情するために上京したおり、財界の社交場である「交詢社《こうじゅんしゃ》」で桃介とあった。このとき桃介が、

「日本橋に、はや亀とよばれる耳ざとい船屋がいるが、陸《おか》の鼠と海の亀が顔を合わせるのも

おもしろい。会ってみないか」

と直吉に声をかけた。

「うん、それは愉快だ」

ということで、ふたりをひきあわせたのである。

亀三郎は十日とおかず東京と神戸の間を往復する毎日だった。神戸にゆくと、直吉にかならず会うようにしていた。直吉のほうも亀三郎とうまが合う。ともに無学歴の丁稚あがりである。たがいに三井、三菱、住友といったエスタブリッシュメントに対する憧れゆえの反発を胸の内に秘めており、そこがふたりを結びつけていた。直吉はもとより、どん亀からどろ亀、そして「はや亀」と呼ばれるようになった亀三郎にも、満々とみなぎる野心があり、即断即決の行動派である。ともに小柄で、寝る間をおしんでよくはたらく。よく似たふたりだが情報の仕入れ方だけは異なっていた。

活字を読むのが嫌いな亀三郎は、細心の配慮をして客をまねき、必要とあればかっぽれも裸踊りもやって客の歓心をかい、相手の本音をひきだすことにつとめた。もっとも何かを求めんがために招くと、相手は一度応じても、二度と来てくれるものでないことを、亀三郎は経験をかさねて体得していた。何も求めずに招き、また無心で相手の家に出入りするときに、相手は初めてこころをゆるし、自分を受け入れてくれる。この処世術の根幹を亀三郎はしっかりまもり、耳学問に徹していた。

一方の直吉は、質商の丁稚のころから習慣にしている読書が基本的な情報源だった。活字ならなんでも読み、いちど読んだことはすべてきちんと頭のなかに入っていた。博覧強記と精確な知識が直吉の事業を発展させている。

直吉は世界中の国々の産地産物、天候、主要な港湾の設備や水深まで熟知しており、例えばアルゼンチンの港からアムステルダムの港までの航路と距離、貨物船の所用日数、季節ごとの商品の動き、運賃、保険料などきわめて詳細に説明することができた。さらにここにきて、世界中にはりめぐらせた情報網である。厖大で体系的な知識に最新の情報を組み入れ、直吉は商機を的確に判断していた。

さてこの日、よく晴れて空が高く、人力車の車上から六甲の山並みがくっきりと見わたせた。高野からの電文は亀三郎の気分を高めている。途中でなじみの寿司屋へより、亀三郎は折り詰めを二つ買った。ちょうど、昼時である。

専務室にはいると、頭を冷やすため氷嚢《ひょうのう》を頭の上にのせ、いつも山高帽をかぶっている直吉が電文と書類の山のあいだから顔を半分のぞかせた。それから鉄縁の眼鏡をずらすと、充血した目を亀三郎のほうへむけた。直吉は斜視で近眼でもある。

「やあ、来たか」

と声をあげ、だれもいれるな、と秘書に厳命した。直吉は机からはなれ、応接ソファに亀三郎を招いた。

さっそく寿司を口にはこびながら、

「ドイツの軍艦が欧州にむかう貨物船をかたっぱしからつかまえ、はては撃沈するので貿易も海運もわやになっとる。連合国もやり返すから、いまや一千万トンをこえる船が海運市場から消えとる。こんな非常時に横浜正金（唯一の為替取引専門銀行）も三井や三菱の銀行も、トランパーは戦時保険をつけにゃビル（荷為替手形）を買わんいうから往生したわなぁ。さいわい政府は戦時補償令を公布してくれたから、シンガポールや上海に山積みされとった荷物がうごきだした。じゃが、為替をやる銀行がまだまだかぎられとるうえに、わしらトランパーをなにやかやといじめる。わしはこの際、台湾銀行にも為替の取り扱いを認めさせよ、と浜口次官にはたらきかけて日銀を口説いているとこや。このままやと日本中が金詰まりになるでぇ」

と、早口でまくしたてた。

山高帽はかぶったままである。

「この戦、あと半年もつづいたら、世界中が干上がりますな」

「そうや、そのとおりや」

「これからは消耗戦。ドイツとイギリスがいつまで保《も》つか……」

亀三郎はやんわりさぐりをいれた。

直吉は最後の寿司を口におしこみ、湯呑みのなかの番茶をすっかりのみほすといった。

「山下さん、あんたは寿司折りひとつで、この金子の予測を耳にいれるつもりかいな」

「いやいや、もう金子さんの読みは手に入れました。寿司はその御礼ですがな」

「はて、面妖な。戦の見通しは、まだだれにも言うとらんがなぁ」

「じつは私はこの大戦、二年はつづくと見ています」

「へー、そぉ」

直吉は眼鏡のおくの目をほそめた。

亀三郎はここぞとばかりに訊ねた。

「たったいま、うちのロンドン支店から、鈴木商店さんが大量の鉄を買った、という報せがはいりました。これ、確かですね」

「うむ。そのとおり」

「鉄の買い付けは大戦が長引き、鉄が不足する、とあなたが読み切っている証拠です」

「なるほど恐れいった。しかし、あんたは相変わらずのはや耳や」

直吉は感心してみせ、

「この大戦はこれまでの戦とはちがうで。国民総動員の戦や。あんたは二年というが、かならず二年以上はつづく。欧州はどこも生産がストップし、世界中が品不足になるのは必至や。じつはな、鉄はロンドンだけじゃない。シドニーもシカゴもニューヨークも、買えるところがあれば全部買えと命じておる」

と、手の内を隠すことなく明かした。

直吉はすでに「すべての商品・船舶に対する一斉買出動」の大方針を決定し、ロンドン支店長高畑精一《たかばたけせいいち》に「Buy any steel in any quantity at any price」と打電していた。

「石炭も？」

「そりゃもちろんだが、石炭だけじゃないぞ。砂糖、米、豆、魚油、樟脳、薄荷《はっか》、銅、錫《すず》、亜鉛、鉛、それに船だ。船舶が大量に不足する」

「じつは私も数千トンの自前の船を一隻つくる、と今朝、幹部に相談をもちかけていたところです」

と、亀三郎はひかえめにいった。

「へーそぉ」

直吉は満足そうにうなずくといった。

「明日、わしは三菱に一万トン級の貨物船を三隻発注することにしておる」

「一万トンを三隻！」

「世間がどんな顔をするか、見てみたいものよ。財界の連中はこの大戦で金子は頭がおかしくなった、というだろう」

直吉は山高帽をぬぎ、頭にのせていた氷嚢を両手にとってニヤリとした。

翌々日、新聞各紙は鈴木商店の狂気じみた貨物船発注を大々的に報じた。直吉のいうとおり、「金子は気がふれたとしか思えん」という財界人の談話があった。

大正四年の年明け早々、資金を銀行から借りるめどが立つと、亀三郎は川崎造船に吉田丸を発注した。幹部の意見をいれて五千トン級にするつもりだったが、直吉の強気に乗じて九千トン級に格上げした。船価は百三十五万円だった。

またまた借金を背負ったが、稼ぐのに元手は船である。川崎造船と契約を交わした日、集まった幹部にはっぱをかけた。

「船をふやせ。古いとか新しいとかいってはおれん。吉原の遊郭とはちがう。洲崎の川べりや新橋のガード下でもええ。つまり女であればなんでもいい。若いとか年増とか、そんなことをいっている場合じゃない。用が足せるなら、どんな女でもよい」

とまるで品のない例えを口にし、社長のいうことではない、と鋳谷からこっぴどく諫められ、亀三郎は頭をかいた。

ともあれ、中小の一杯船主からの用船や受託運航する船をしゃにむに増やし、船舶不足に対応するそなえはできた。しかし一月がすぎ、二月にはいっても景気はなお低迷していた。

革命支援

二月の中旬、地元の宇和島へ帰って選挙運動をしていた久綱が久しぶりに上京してきた。伊藤博文を失ったあと宮内省に奉職していた久綱は、憲政擁護運動をすすめる国民党の犬養毅にくどかれ、代議士をめざしている。その犬養を支援しているのが交詢社で、藩閥のしがらみがない清純な政治家を支え、憲政擁護運動のあとおしをしていた。

衆議院の選挙はひと月後にせまっている。上京の目的は金策である。犬養からはなにがしも出ないというので、亀三郎はいわれるままに金をだした。会社の台所は借金まみれだが、じきに海運景気がくる、と腹をくくっている。ただ、この大戦がいつまでつづくか、亀三郎には確たる見通しがもてない。石炭を思う存分に買い付けたいのだが、迷いがある。

「吉次郎さんが、秋山将軍はやっぱぁ、ただ者《もん》じゃないわい。神がかりなとこがあるわいなぁと、がいに（おおいに）感心していましたよ」

選挙資金の工面がついた久綱が、話題を郷里のことに変えた。

教員から視学官、そして県会議員になっていた清家吉次郎は昨年の七月はじめ、秋山真之少将が帰省すると議員有志や地元の有力者と道後に歓迎の宴席をもうけた。宴《うたげ》がはじまる前、秋山将軍は吉次郎たちと浴衣《ゆかた》に着替え温泉本館で汗をながした。湯からあがり、入浴客用の広い座敷で茶をのみながら、温泉煎餅をボリボリぼりかじっていた将軍は、座敷のすみへゆくと海南新聞を手にし、「おっ」と声をあげた。

吉次郎がよこからのぞくと、「オーストリア皇太子夫妻暗殺される」と白抜きの活字がおどっていた。大きな事件だが海の向こうの遠い国のことである。吉次郎が「物騒《ぶっそう》な世の中ですなぁ」とひとごとのようにいうと、将軍が、「清家さん、これは大変なことになった。私はこれからすぐ、夜の船で大阪へゆき、汽車で東京へ帰る」とあわてている。吉次郎にはなにが大変なのか、まるでわけがわからず、帰り支度をはじめた将軍にただすと、「近いうちに世界中が戦争になる」と断言した。「そりゃ、本当ですかな?」と思わず吉次郎は問い返した。すると、「ひと月もしないうちに、ドイツが戦争をはじめる」と将軍は予言し、宴席を断わり、人力車でそのまま港へ発ってしまった。

それから約ひと月後、本当に大きな戦争がはじまった。

「つまり、将軍は道後でオーストリア皇太子夫妻の遭難を知ったとたん、日本がこの大戦に参加し、ドイツ領の青島や南洋諸島を攻撃することになる、とひらめいた。それで大急ぎで海軍省にもどったわけです」

「なるほど、淳さんがなぁ……」

亀三郎はつぶやきながら、

（そうだ、この大戦がいつまでつづくか、淳さんに訊いてみよう）

と思いついた。窓のカーテンをさっと開く気分がした。

二年前の大正二年十二月、少将に昇任した真之は昨年の四月から海軍省軍務局長の要職に就いている。おりから山本権兵衛《ごんべえ》内閣を総辞職においこんだシーメンス事件（海軍の贈賄事件）の処理におわれ、日々忙しいらしく、亀三郎のほうからちょくちょく自宅へ電話をかけて話すことはあるが、ここしばらく会ってはいない。

久綱と杯をかわした翌日の早朝、亀三郎は海軍省へでむいた。巻紙に「一献《いっこん》傾けたし　亀三郎」とだけ記し、封書にいれて門衛にわたし、日本橋北島の本店で返事を待っていると、昼に真之から電話があった。その夜、亀三郎は京橋の三十間堀にある料亭「新田中」へでかけた。

ふたりが面と向かいあうのは、真之が軍務局長になったとき以来だから十ヵ月ぶりである。

膳がととのい、ふたりだけになると真之がきりだした。

「ここは、もっぱら密談で使っている場所だ。こっちから声をかけないかぎり、だれも来ないことになっている」

と断わり、めずらしく真之のほうから亀三郎に酌をした。

「そうか、密談か。望むところだが、このおれが相手では密談するほどの話はないだろ」

杯をかえしながら、亀三郎はすこしまぜかえした。

「まあ聞け、山下」

真之の目はすわっている。昼の電話で真之は、こちらからもおりいって話したいことがある、と告げ、会う場所を「新田中」に指定してきたのだった。真之はたしかめた。

「お前、山田純三郎という男、覚えているだろ」

「山田か、そいつはたしか孫文の秘書だったな」

「そうだ、その山田と十日前、ここで会い、文書を三通わたした」

と、真之はいきなり意味深なことを口にした。

亀三郎は頰をひきしめ、二度三度深くうなずいた。

「なんの文書だ？」

「密約だ」

「相手は、孫文だな」

「もちろん。正確には孫文と中華革命党だ」

と、真之は応えた。中華革命党は日本に亡命中の孫文が革命派の団結をかためるため、昨年六月に東京で結成した組織で、孫文は自ら総理の座につき、袁世凱政権を倒すための準備をはじめている。

「文書を三通といったが、みな同じものか」

「一通は中国語で中日盟約、あとの二通は日本語で日中盟約。この三通の内容は同じだ。中国語の盟約は孫文、日本語の盟約のうちの一通は、外務省の政務局に保管している。そして残りの一通は孫文を支援するグループがあずかっている」

「そうか、それで密約の中身は何だ?」

「まあ、そう急ぐな。ゆっくり話したい。ここはお前にもしっかり納得してもらって、支援してもらいたいからだ。おれはいま軍務局長の立場だが、日本の政府が孫文にどのような態度をとろうと、孫文を支援する。将来を見通せば、孫文のかかげる三民主義で支那が統一される日が必ず来る。政府もそうした大局にたって、支那とつきあわにゃいかん」

真之は硬い表情のままいった。

ふたりの酒席はいつもくだけたものになるのだが、この日の真之は別人だった。立て膝もせず、膳にまだ箸もつけていなかった。

亀三郎はあぐらを組みなおし、

「よし、わかった。しっかり話を聞こうじゃないか。せっかくだ、まずは馳走になろう」

というと、前菜の菜種の辛子和《からしあ》えに箸をのばした。

孫文の支援を一貫してつづけている真之の立場が微妙なものに変わりつつあることは、亀三郎にもよくわかっていた。

これまで孫文に対する日本政府の対応は、中国国内の情勢によってそのつど変化していた。

孫文に協力する姿勢をみせて清朝政府を牽制し、また逆に孫文を遠ざけることで、清朝の気を引こうとする。中国の領土に野心がある日本政府にとって、革命家の孫文は対中国政策をすすめるうえで都合のよい駒になっていたのである。その清朝が倒れ、日本政府が認める袁《えん》世凱《せいがい》が政権をにぎり、孫文は日本に亡命中である。

この亡命にたいして、日本政府の対応はまことに冷ややかであった。孫文はつねに官憲の厳しい監視のもとにおかれていた。監視は分刻みで行なわれ、孫文とその周辺の人物はすべて公安当局が把握していた。また孫文には、袁世凱の放った刺客に暗殺される危険がつねにつきまとっていた。

孫文のこの亡命生活を支えたのが、政治結社玄洋社の頭山満《とうやまみつる》である。頭山は東京市赤坂の霊南坂にある屋敷の奥にこの「招かれざる革命家」をかくまった。また頭山とともに玄洋社に籍をおく筑豊の炭鉱経営者や成功した華僑たちが、孫文を経済的に援助していた。

ヨーロッパで世界大戦がはじまると、孫文はこれを革命の好機ととらえ、党員をぞくぞくと中国へ帰国させ、第三革命の準備にはいっていた。

そしてこの大正四年一月、日本政府は「二十一か条の要求」を袁世凱政府につきつけていた。孫文は、「これはわが国を第二の朝鮮にするもの」として激しく批判をしながらも、中国国内でおこった日本への反発を袁世凱政府打倒の運動にむすびつけ、第三革命のいっそうの進展をはかろうとしていた。

この間、満州に勢力をはる北洋軍閥の張作霖《ちようさくりん》に反旗をひるがえす動きがあることをつかんだ孫文は、山田純三郎と蔣介石ら数名の党員を二度にわたって満州に派遣し情勢をさぐらせたことがあった。

山田や蔣介石は哈爾浜《ハルビン》から黒竜江あたりまで現地の地方軍閥の様子をさぐってみたが、いっこうにそのような気配は見出せなかった。なんの収穫もなしに日本へ帰り、外務省政務局長の小池張造が用意した場所へ報告にでむいた。この満州探策の費用の四千円は満鉄からの援助でまかなわれていたが、手ぶらで帰国したことで、だれが報告するか、山田と蔣介石のあいだで一悶着があった。報告したのは蔣介石である。報告を待っていたのは、小池と満鉄理事の犬塚信太郎、それに秋山真之軍務局長の三人だった。

蔣介石はとつとつと、

「うわさのあるところはみんな行ってきましたが、すべてまったくのでたらめで、私たちはだまされました」

と正直に報告し、顔を真っ赤にしてうなだれた。

三人は蔣介石の態度に感心した。このような場合、

「あちらの軍隊と連絡がとれた。五十万円もあれば張作霖を倒すために軍を動かすということです」

などとでたらめをいって、大金をだまし取る革命ブローカーまがいのこともできたのである。三人は孫文の部下たちが人間的にも十分に信頼できる相手であることを知り、孫文への支援にますます力をいれるようになった。

真之はこのときのことを亀三郎に話していた。

「孫と一緒に日本に来ている連中はみんな正直で、本気で革命をやろうという意気がある。これだからこそわれわれは日本のため、支那のため、アジアのため、極東の平和のためにかれらを助けてやろうという気になれるものだ」

と曇りのない目を亀三郎へむけ、政務局長の小池を中心として、政府や陸海軍のなかに孫文の革命運動を支援するグループができていることをはじめて亀三郎に明かした。そしていま、海軍の中枢にいる真之は、「小池部屋」とよばれるこのグループの活動の中心的存在になっていたのである。

ふたりはしばらく黙々と箸をうごかし、はこばれてきたばかりの河豚《ふぐ》の唐揚げをおおかた食べ終えた。

「それで、どうなんだ？」

亀三郎が密約の説明をうながした。すると真之は顔をあげ、

「お前は、対華二十一か条要求をどう思うか」

と、ぶしつけに訊いた。

「さあ、政治的なことは、おれにはわからん」

亀三郎は軽々に意見を口にすることをひかえた。

この二十一か条は、日本が占領した青島《チンタオ》をふくめ、山東省支配の確立と旅順や大連、それに満鉄など従来からもっていた日本の権益のいっそうの拡大を中国に認めさせるものである。

ヨーロッパ内の大戦のどさくさにまぎれて、いまのうちに中国からとれるものはとっておこう、という日本政府の魂胆が見えすいているが、日本の経済界にとってはおいしい話だった。その点では亀三郎も同類である。

「まあ、お前も事業家のはしくれだ」

真之はまるで遠慮のない物言いで親しさを表現し、亀三郎の腹のなかはわからんでもない、と察したうえで、いった。

「孫文は、われわれに、この二十一か条要求は日本政府がつくったものではない、といっている」

「政府の要求ではない？　それはどういうことだ」

「二十一か条は袁世凱がつくった、と孫文は断言している」

「袁世凱が……」

「そうだ。この要求の草案はもともと袁世凱がつくったものだ。支那が差し上げるものはこれだけあります、ってわけだ。それらを日本に差しだすから、どうか支那に要求してくれ、と袁世凱が日本政府に要請した。それが二十一か条要求というわけだ」

思いもしない話に亀三郎は目を丸くした。

「奇々怪々な話じゃないか。かりに孫文のいうことが本当だとしたら、袁世凱の目的はなんだ？」

「袁世凱は皇帝になろうとしている。二十一か条は日本政府に皇帝位を認めてもらう代償だ。

どうだ山下、驚いたか」

「驚くもなにも、支那の国民にしてみれば、袁世凱は裏切り者だ」

亀三郎が憤慨すると、真之はここぞとばかりにいった。

「そのとおり。日本も袁世凱相手にこんな外交をしていては、日支の友好などありはしない。日本と支那は対等なパートナーでなければならん。われわれが孫文と交わした日中盟約は全部で十一条だが、平等互恵、内政不干渉、主権尊重の理念をつらぬき、その上で東亜の永遠の福利を維持するために両国の対等な提携をうたったものだ。ふりかえってみれば、欧米列強と同じように植民地主義で日本は支那とつきあってきたが、それでは東亜の平和も繁栄もない。これからの支那と日本は同じアジアの同胞として手をたずさえていこう、ということだ。われわれは日本のアジア外交をそのように考えている。わかったか山下、協力しろ」

と、最後は命令口調である。

亀三郎は孫文の革命を意気に感じることはなかったが、目の前の真之はただひとり信頼できる親友だった。

「淳さん、孫文も難しい理屈もええ。おれはお前だけを信じる。革命には金がいる。できるだけのことはする」

と亀三郎は率直に応え、

「ところで淳さん、お前はしきりにわれわれというが、外務省の小池と満鉄理事の犬塚のことはすでに聞いている。他にだれが仲間なのだ？」

小池部屋に出入りする顔ぶれを質《ただ》した。

すると真之はためらうことなく、つぎの人物をあげた。

陸軍参謀総長で西園寺内閣の陸軍大臣だった上原勇作、その下で参謀次長をしている田中義一《ぎいち》、同じく参謀本部の第二部長の福田雅太郎、民間の財界では台湾鉱業社主の芳川寛治《ひろはる》、それに久原鉱業や日立製作所を経営する久原房之助《くはらふさのすけ》だった。

顔ぶれを耳にし、亀三郎は、

(やはり、満州なのか)

と思わずにおられなかった。

真之の思いは純粋である。しかし犬塚信太郎の背後に満鉄総裁だった後藤新平の影が見えかくれしているように、満州に権益と野心のある陸軍と財界の一部が孫文を支援していることはあきらかだった。東亜の平和と繁栄のための日中盟約とはいえ、小池部屋のねらいも満州にある。

亀三郎はこのように分析したが、そのことはぐっと腹の奥にしまった。知りたいのは、孫文は果たして中国を統一できるのか、という点だった。その問いに真之はつぎのように応えた。

「袁世凱は皇帝になるというが、それはあきらかに歴史に逆らうことだ。支那の民衆はもう黙ってはいないだろう。ヨーロッパを見てみろ。とっくに民衆が立ち上がり、民衆が主人公になって国づくりが行なわれているじゃないか。支那にもかならずそのような時代がくる。

だから孫文の革命も歴史の必然だ。しかしなあ、支那は広大だ。清朝は崩壊したが、軍閥の専制政治が倒され、民衆が政権をとるにはまだまだ時間がかかる」

「あと、どれくらいだ？」

「それはなぁ山下、いまのヨーロッパの大戦が教えてくれるよ。この大戦をよく見てみろ。ドイツやロシアで皇帝の廃位を求める運動がかならず高まってくる。フランスもイギリスも民衆が支配している国だ。ドイツやロシアの古い政治体制が崩壊して、ヨーロッパの大戦は終わる」

「いまの大戦は、だれもが一年、長くて二年と見ているが……」

「それはちがう。ドイツやロシアの体制の崩壊がはじまるまで、あと五年はかかる。支那はその倍の十年、とおれは見ている」

「難しい理屈はわからんが、淳さん、いまの大戦、あと五年はつづくということか」

「そういうことだ」

「ヨーロッパは五年、そして支那は十年。よい話を聞いた。淳さん、かならず礼をするよ」

と、亀三郎は約束した。

鯨御殿

真之と密会したころから、国内景気はみるみる回復をはじめた。

ヨーロッパからの輸出が船舶の不足でとだえ、世界からの注文が日本の国内産業へ殺到するようになったからである。インド、中国、東南アジアなどの国々は日本商品の到着をいまかいまかと待ち焦がれ、やがてロシアやヨーロッパでも似たような状況になった。日本の企業はなにをつくっても飛ぶように売れた。かつてない好況をむかえ、どこの工場もフル操業にはいった。

船舶の不足はいよいよ深刻である。貨物船が欠乏し、古船でもなんでも、浮かべばひっぱりだこである。用船料もたちまちうなぎのぼりになった。開戦の秋に重量トンあたりひと月で二円前後だったものが、十円ちかくにまで急騰し、さらに上昇の勢いはとまりそうもない。すぐに造船ブームがおこり、船価も運賃も二倍から三倍へとはねあがりなお高騰している。

金子直吉の予測どおり、猛烈な品不足が世界をかけめぐりはじめた。活況が突風のように日本をおそい、銅、鉄、錫《すず》などの鉱業と海運、それに造船が竜巻のような勢いで景気をひっぱりだした。

欧州、米国、豪州、上海そして台湾に定期航路をもつ日本郵船と大阪商船は、一杯船主の持ち船を高額な用船料を払って運航し、滞貨の山をさばいていたが、まだまだ積みのこされたままの米や雑貨、鉱物資源が世界各地の港の倉庫を満杯にしていた。

自由な運航ができる不定期船が往路も復路も積荷を満載にして、世界中の港から港へ海原をかけまわるときがきたのである。山下汽船も亀三郎が社員を督励して、あつめられるだけあつめていた船という船がいよいよフル稼働し、大金をかせぎはじめた。

「めざすは満州だ！」

たいていの者がヨーロッパに目をうばわれているとき、亀三郎は満州の玄関口の大連への進出をきめた。孫文が中国を統一したなら、満州の開発は日本にまかされるであろうし、かりに革命が失敗におわっても、日本は満州をあきらめることはないだろう。ちかい将来、満州は日本にかならず領有されることになる、と亀三郎は見通していた。その根拠は金子直吉からえた情報であり、直吉の背後には後藤新平がいた。また外地置船籍をすれば、高い船舶輸入税をのがれることができるので、海運業の拡大をもくろむ亀三郎にとって自由港の大連は魅力のある土地だったのである。

すでに大戦のはじまるちょうど一年前の初秋、はじめて採用した京都帝大出の社員を道案内にして、亀三郎は京城、奉天、大連、そして上海を見てまわっていた。なかでも大連ののびやかな光景はいまも目に焼き付いている。

六月中旬、亀三郎はふたたび大連へでかけると、港の一番埠頭が見えるオフィスビルの三階に事務所をかまえ、山下汽船合名会社を設立した。翌日、鈴木商店が経営する南満州汽船株式会社から大戦前の契約で安く購入していた中古の大型貨物船「靖国丸」（七千五百重量トン）をさっそく大連置籍船とし、大阪商船へ高額の用船料で貸しだした。「靖国丸」は連合国へ軍需物資をはこぶため欧州航路を行き来したが、五ヵ月後の十一月、地中海でドイツ潜水艦によって撃沈された。

保険金がたっぷり手にはいった。

「なんでもよい。世界中から買いあつめろ。右のものを左に動かすだけで、金は二倍にも三倍にもなる」

と幹部たちは威勢がよい。亀三郎に商事会社をつくるようしつこく建言してきた。商品をころがすだけで大儲けができる。山下汽船も手をこまねいていることはない、と未曾有の活況にあおられ、みんな発情期の犬のように鼻息が荒い。三井と三菱にならび、天下三分の勢いの鈴木商店はもとより、日立鉱山の久原房之助、汽船会社の勝田銀次郎《かつだぎんじろう》、それに三井物産船舶部から独立した内田信也《うちだのぶや》もみんな商事会社をつくって巨利をむさぼっている。

「社長、うちも船屋だけじゃもったいない。米、麦、大豆、味噌、沢庵、梅干、もうなんでもかんでもです。綿糸、生糸、麻、角材、半紙、それに藁にいたるまで、買ってころがせば儲かる」

と建言は日ごとに具体的になり、社長が「うん」といわないので、社員のなかには退職して自分で商売をはじめる者もではじめた。

そのようなおり、亀三郎は高商と大卒出の社員を前に断言した。

「山下の本業は海運と石炭やないか。海運にかかわることはやる。しかしそれ以外のものには一切、手はださんぞ。そりゃあ、長年つれそった本妻よりも街角の若い娘のほうがよいに決まっとる。じゃがの、ふらふら浮気をするとかならずひどい目にあうぞ。本妻を大事にせにゃいかん。さいわい海運はめっぽう元気じゃから資金にたっぷり余裕がある。それで山下はこの先、石炭をやる。石炭を運ぶだけじゃなく、これからは炭坑を経営する」

「えっ、炭坑ですか」

とすぐ帝大卒の若手が声をあげた。鉱業のなかでも石炭だけは価格がほぼ横ばいで、大戦景気からとりのこされていた。それでかれは、炭鉱経営よりももっとましな事業は他にたくさんある、と具体的な事業名をあげて異を申したてた。ほかの若い社員もうなずいている。

亀三郎は十分に耳をかたむけると、まじめな顔でいった。

「ええか、男なら畳も女房も新しいのがええ。じゃがな、新興の事業はお転婆娘みたいなもんや。若いだけの新妻は、欲しい欲しいと体力まかせの要求ばかりだから疲れるぞ」

クスッと笑い声がおきた。亀三郎はかまわず、つづけた。

「若い者は技《わざ》でかわすことを知らんから、ついつい無理をして腎虚《じんきょ》になり早死にする。その点、伝統の産業は酸《す》いも甘いも嚙み分けた老妻や」

「そうだ、そのとおり」

と同席していた鋳谷が賛同した。

「老妻は夜は役にたたんが、安心安全こそ一番やないか。石炭は山下にとって糟糠《そうこう》の妻や。余裕のあるいまこそ大事にいたわってやりたい。分かったな」

亀三郎は得意の艶事《つやごと》をおりまぜ、熱っぽくいいきかした。大戦景気にあやかり、連日連夜、茶屋と会社を往復している強者《つわもの》の若手社員でさえも、この手のことはまだまだ社長にはかなわないので、おおいに説得力があった。

亀三郎は十一月に山下石炭株式会社を設立し、翌大正五年には北海道の奔別炭坑を買収、さらに福島炭坑を手にいれ、炭鉱経営にも本格的にのりだすことになる。

その大正五年の二月、郷里から久方ぶりに上京してきた清家吉次郎が日本橋北島の本店に顔をのぞかせた。所用で代議士の古谷久綱に会い、ついでに海軍省の軍務局をのぞくと秋山真之がいた。真之は欧米への出張視察の前で忙しそうにしていたが、それでも郷土の四方山《よもやま》話《ばなし》につきあってくれた。そのなかで、真之が亀三郎のことを「誠に偉い奴だ」としきりに褒《ほ》めたので、夜行に乗って四国へいぬる（帰る）前に、名提督が惚れた男の顔をちょっと拝んでゆきたくなり立ち寄ったのだ、という。

「なんだ、ゆきがけの駄賃ねだりみたいじゃないか」

亀三郎は猿顔に笑みを浮かべた。

よく人の話を聴き、よく人を使い、かつ乾坤一擲《けんこんいってき》の離れ業ができるのが山下のすごいところで、人を見分け、適所に配置し、満足して働かせるのは容易なことではないが、それをごく当たり前に実行し、なおかつ大勇断で事業を拡大する。それが偉いというのである。

亀三郎は吉次郎のいうことを耳にしながら、これは欧米に発つ前の真之が孫文への思い切った支援を決して忘れるな、と暗に吉次郎に言付《ことづ》けを託してきたような気がした。もちろん、亀三郎は小池部屋から要請があれば、応じるつもりでいる。

帰り際、吉次郎は郷里の話題をひとつ取り上げた。亀三郎が隣村の筋の入り江に建てた別荘のことである。

「亀さん覚えとるかな、去年、棟《むね》があがって餅まきをしたとき、あんた、鯨を見るためにつくる別荘や、とあいさつしたわなぁ」

「うん、そのとおりや。入り江にやってくる鯨をなあ、別荘の明かり障子の窓からおっかぁとならんで見るのがわしの夢やった」

大戦がはじまり、サミエル商会から古船三隻の用船料がどっさりはいったとき、亀三郎はそのほんの一部をつかって、数寄屋風書院造りのこぢんまりとした別荘を、宇和海につながる入り江の奥につくった。病気がちの母の見舞いをかね、別荘の建前《たてまえ》（棟上《むねあ》げ式）をするために帰郷した亀三郎は、浜辺に集まった村人を前に、「入り江のこの海はこの別荘の池や。鯉のかわりに鯨が泳ぐ。その鯨を母と座敷から見てみたい」と少年のころからの夢を語った。

その別荘は両親のために建てたのだが、源次郎もケイも別荘に引っ越すつもりはなく、いまは親戚の叔父夫婦が管理人として住んでいる。

「亀さん、あの別荘はなあ、村の者《もん》が鯨御殿《くじらごてん》と呼んどるぞな」

「鯨御殿、なるほど、ええ名前やないか」

亀三郎は感心した。

「気に入ったかな」

「うん、気持ちが大きゅうなってええわい」

「愛媛県、鯨御殿と宛名を書けば、郵便が届くぞな」

「へえ、それは光栄なことや」

亀三郎は鼻の穴をふくらます。吉次郎がいった。

「戦争でたっぷりもうけても、御殿はここだけにしておきなはいや。金ぴかなもの建てたら風《ふう》（世間体）が悪いぞ」

「うん、わかっとる、わかっとる」

母のケイからいわれた気がして、亀三郎はすなおに応じた。

それからしばらくして、また別荘の話がもちあがった。小田原にある別荘が売りにでている。その別荘には共同の水道が引かれているので、余りヘンな人物に買ってもらうと困る。山下汽船の社長なら安心だ、という話である。

共同の水道というので、だれが利用しているのか訊いてみると、閑院宮《かんいんのみや》家、山県有朋《やまがたありとも》元帥、それに三井物産の益田孝男など錚々たる人士ばかりである。それでその屋敷と庭園を見にゆくと、五千坪ほどの庭園はつくりかけで放置されたままだったが、屋敷はなかなか立派なものだった。木曽の総檜造りで窓ガラスはスイスからわざわざ取りよせたものだという。

屋敷はともかく、山県元帥の古稀庵がすぐ近くにあることが気に入った。山県は巷間《こうかん》、「小田原の大御所」とよばれ、政界にいまなお大きな影響力をもっている。謦咳《けいがい》に接することになれば、これほどありがたいことはないと亀三郎は思った。そこで別荘を十五万円で購入し、さっそく山県のもとによく出入りしている御用商人に頼み、古稀庵につれていってもらった。

商人と一緒に勝手口から別荘にはいり、台所で女中とたわいもない話をかわしていると、貞子夫人がやってきた。亀三郎は丁重な挨拶をしたあと、さげてきた灘の清酒「白鹿」を差しだし、また日を改めて参上いたします、と断わりをいうとひきかえした。

翌日、商人が山県の言葉をそっくり伝えにきた。

「山下という者に会いたい。ぜひ来てくれ」

願ったり叶ったりである。こんどは紋付き袴で盛装し、人力車を玄関先につけた。

山県は元老のなかの元老で、国軍の父と称されている元帥である。厳父のイメージがあり、どんな話になるのか亀三郎は不安だったが、前日、台所で貞子夫人に挨拶していたことがよかった。

「船をやっているそうだな」

元帥は亀三郎が夫人に話していたことを話題にし、船の話をしている最中に、「お貞をよべ」と女中に声をかけた。これはやがてわかったことだが、元帥が夫人を同席させるのは、信用し、気を許した客に限られていたから、亀三郎は初対面から元帥の眼鏡にかなったのである。

土曜日がくると亀三郎は小田原へ出かけた。日中、庭園の手入れをしていると、

「夕飯を食いに来い」

と山県元帥から直接電話がかかる。

夕食のときの話題は、もっぱら新橋や柳橋の情況である。

若いときのようなことはないが、亀三郎は花柳界にいまも出入りをし、馴染みの芸子も何人かかかえている。亀三郎は臆面もなく芸子の話を聞かせ、艶だねのいくつかを披露すると、元帥はからからと声をたてよく笑い、夫人は面《おもて》を伏せながらクスクスと身体をよじった。

こうして何度か古稀庵に通っているうちに、亀三郎の別荘のつくりかけの庭園の話になった。元帥は庭造りが趣味である。ふだん事業で多忙を極めている亀三郎は、思い切って元帥にもちかけてみた。

「公爵閣下、ひとつ私の庭をつくってくださらんでしょうか」

「俺のいいようにしてよいのなら、ひきうけよう」

「もちろんです。いっさいお任せします」

亀三郎の思うつぼだった。元帥はたしかめた。

「本当かね、金がかかるぞ」

「庭師も石工も元帥のお気に入りの者を使われて、思う存分やってください」

「それはおもしろい。だが生半可な金ではすまないぞ」

「私はこの先、神戸にいったきりになります。そしてこの戦争の間にしっかり儲けるつもりです。お金がかかるといわれても、閣下は私の半月分の儲けでさえ、お使いになれんでしょう」

亀三郎は徴発するように見得を切った。

それからちょうど一年余り、山県は造園につきっきりとなった。それで、山県を訪ねてくる来客は、亀三郎の別荘で元帥と面会し昼飯を頂くことが多くなった。山県は自ら設計し、監督した五千坪ほどの日本庭園のなかに建つ亀三郎の別荘を「對潮閣《たいちょうかく》」と命名し、
うち渡す相模の海を池にして

仰ぐ箱根は庭の築山

と歌った掛け軸を亀三郎へ与えた。

その後、對潮閣は元帥を訪ねてくる政客や財界人の宿代わりに使われることになり、亀三郎は期せずして、後藤新平、原敬《たかし》、清浦奎吾《きようらけいご》、田《でん》健治郎、平田東助《とうすけ》、田中義一《ぎいち》など錚々たる政治家たちの知遇を得ることになった。

ところで、別荘を手に入れた大正五年の初秋のことである。

日露戦争後につくった各銀行からの大借金の返済がほぼ完了したので、亀三郎はやれやれという気分になり、小さな祝宴を高輪の自宅でひらいた。穂積陳重《ほづみのぶしげ》夫妻、徳富猪一郎《とくとみいいちろう》（蘇《そ》峰《ほう》）夫妻、古谷久綱《ひさつな》夫妻、それに欧米視察中の真之にかわって秋山好古将軍が宴席をかこんだ。少年のころから憧れの人であった村井保固《やすかた》こそ一番に来てほしかったが、保固はアメリカに滞在中であった。

亀三郎は来《こ》し方をふりかえり、

「銀行からの負債はなんとか返せましたが、じつはここにおいでになる穂積先生にも借金をしておりました」

と、十九歳のとき郷里に帰る金がなく、穂積博士から旅費を八円借りたことを告白した。すでに三十年も昔のことである。

「そんなことがありましたか」

博士はすっかり忘れている。

「両親に泣きついて金を手に入れ、ふたたび上京するとすぐに半分をお返ししたが、とうとう今日まで残りの四円をお返しする機会がなく、そのままになっております。いま、いくらお返しすべきものか、正直大変まよっているところです」

と、亀三郎は感謝の気持ちをすなおに打ち明けた。

当の博士はもとより、徳富夫妻も秋山好古も黙っていたので、久綱が気を利かし、博士がお望みの品を買って差し上げるのがよろしいのではないか、と提案し、みんなもそれがよかろう、とうなずいた。

すると博士はすくっと立ち上がり、

「山下君がそういうのなら、四円残っているのは確かであろう。しかるに債権者である私が、その金を受け取るか受け取らぬかは、まったく私の自由である。法律上、債務者である山下君は私に受け取ることを強いる権利はない。そこで私は、この四円は未来永劫受け取らない。したがって、穂積家はこれから永久に山下家に対して債権者の地位に立つことになる。これほど愉快なことはない。御列席のみなさんは、このことの証人となっていただきたい」

と、まじめくさった顔で一席ぶった。

「それは痛快じゃ！」

好古が声をあげ、

「これで山下くんは、永久に民法は落第だ」

徳富がまじめくさって判じた。亀三郎は落第生の顔にもどってぼりぼり頭をかき、座はどっと哄笑につつまれた。

さてこの年、亀三郎はふだん、東京と神戸を振り子のように往復し、休日は小田原へでかけ、對潮閣か山県の古稀庵ですごす日々がつづいた。小田原にゆくと、ともにこのふたつの別荘から相模の海がよく見える。亀三郎は海を目にすると、ついつい鯨のすがたをさがす自分に気づくようになった。そしてそのつど、

「来年の夏こそ、筋の別荘でおっかぁとふたり、鯨を見るぞ」

とひそかに誓うのである。

病床のケイは年があけると傘寿である。いっしょに新年を迎えたい、と日々祈る思いでいたところ、十一月三十日に危篤の一報が芝区高輪の自宅にとどいた。

亀三郎はすべての予定をとりやめ、汽車と船をのりつぎ、人力車をとばし、十二月二日の昼前に喜佐方村の実家に帰りついた。ケイは昏睡状態だった。手をとり、さすりながら帰郷のあいさつをすると、かすかににぎりかえしてくれたように亀三郎は感じた。それから丸一日、昏睡はつづき、三日の午後五時にケイは大勢の人たちに見守られ、旅立っていった。

村あげての本葬がいとなまれたのは九日後のことである。

その間、町の郵便局には寺内正毅《まさたけ》首相や大隈重信、渋沢栄一、犬養毅、斎藤実《まこと》をはじめ、秋山真之、福沢桃介、女優の川上貞奴《さだやっこ》など、各界から二千七百通をこえる弔電弔詞がおしよせ、局は臨時に二名の電信技手を雇い電報をさばいた。

いつも眠っているような村は、十年分の祭と盆と正月がいちどにやってきたようなにぎわ

いになった。役場も学校も休みになり、子どもから年寄まで、村人は葬式見物の長い長い人垣をつくった。県内外からの会葬者を運ぶため、宇和島運輸は臨時に汽船を運航し、筋の入り江の沖合の海へはこんだ。鯨御殿は会葬者の受付と控え所となった。ここは吉次郎が指揮をとり、要人たちを接待した。葬列は喜佐方街道の左右をうめた花輪や花束のなかをゆるゆるとすすみ、田んぼを二反ばかりつぶしてつくった式場へ向かった。僧侶の数は三十名をこえ、会葬者は三千五百人にのぼった。

葬儀がおわった日の夜、亀三郎は鯨御殿に泊まった。明かり障子をあけて、入り江の遠い海に浮かぶ漁り火をいつまでもながめていた。

靴下の穴

大正六年二月、ドイツ潜水艦による無制限攻撃が本格化し、連合国の船舶がつぎつぎと海の底へ沈められた。

山下汽船でも靖国丸につづいて、第三喜佐方丸がフランスのボルドーからイギリスのカーディフへ石炭を運んでいたところ、Uボートの標的となってビスケー湾に沈んだ。この船はもともと日本海海戦で日本海軍が拿捕《だほ》し、民間に払い下げられたバルチック艦隊の石炭輸送船で、山下汽船は安く手に入れたこの老朽船をイギリスの石炭会社に貸し出していた。それで戦場の石炭輸送に就役していたのだが、この沈没で、イギリスのロイド商会から十三万ポンドの保険金が支払われることになり、廃船まぢかの船がおもわぬ大金を山下汽船にもたらした。

数日後、「第三喜佐方丸撃沈」の悲報を新聞で知ったという山県元帥から見舞いの電話があった。そのおりに、梅の花を見にこい、と亀三郎はさそわれた。週末に古稀庵へでかけた日のことである。

午餐のあと、日本の海運と造船の話になった。

第三喜佐方丸の場合、日本人乗組員も全員無事だったうえに保険金もはいって、山下汽船はけっこうだが、国にしてみれば、外国や外国人に貸し出された日本の船舶がどんどん撃沈されている。さらにいま国内の造船所でつくっている船も外国人からの注文が大半をしめている。こうした現状はまことに憂《うれ》うべきことだ、と元帥は心配し、

「海運と造船を統制しなければならん」

と重大なことを口にした。

おもわず腰を浮かしそうになった亀三郎が、動揺をかくしてじっと聞き耳をたてると、撃沈された日本の船舶の数や高騰する造船価格のことなど、山県の話の内容は隠遁《いんとん》している身とはとても思えないほど、具体的で当面の問題をいいあてていた。

亀三郎は政府の要人が山県のもとへ相談にきたようだ、と判断した。政府はなんらかの対策をたてようとしている。そっとたしかめた。

「閣下、政府は法律をつくるつもりでしょうか」

「うむ、田《でん》からあった話はそれじゃ」

と山県はずばり、田健治郎逓信《ていしん》大臣の名前を口にした。そして貞子夫人をよび、メモ書きしたノートをもってこさせた。老眼鏡をかけ、そこへ目をおとしながらいった。

「外人との売買契約をむすんで、いま造船している船と、日本人注文主が竣工した船をすでに外人に転売した数を合計すると、政府がつかんでいるだけでも、すでに三十隻をこえるそうだ」

「ほう、そんなになりますか」

亀三郎は素知らぬ顔で応じながらも、内心ひやりとした。川崎造船に注文し、竣工まぢかになった吉田丸を買いたい、とイタリア政府から申し入れがきている。

「このままでは日本国内の船舶がますます不足し、国内の運輸に深刻な影響をあたえることになりかねん。対応は急がねばならんが、なんせ相手のあることだから、日本の都合だけではいかん」

「それはおっしゃる通りです。連合国は日本の海運や造船を頼りにしております」

「うん、そのことじゃ。まず田が外務省と連携して、連合国としっかり協議せねばならん。統制や管理ということになれば、その内容については連合国側の了解もいるからな」

「外交交渉となれば時間がかかりますね」

「まあ、半年だ」

「すると、夏ですか?」

亀三郎は海運統制のはじまる時期を質《ただ》した。

山県はなめるような視線で亀三郎を見ると、ためらいなくいった。

「枢府《すうふ》（枢密院）で審議し、秋に緊急勅令ということになるだろう」

「秋に、勅令ですか……」

内容しだいでは、活況の最中にある海運と造船業界が大混乱におちいることも予想される。政府は連合国への了解を求めるというが、日本の業界への根回しはどうなっているのだろうか。多額の現金を配っている数人の大物政治家からの情報はなく、亀三郎ははじめて聞く話である。しかし日本郵船と大阪商船には、政府筋からすでにこの種の情報が流されている気がした。海運も造船も、中小と新参はいつも蚊帳の外である。亀三郎は不信と憤りをおぼえながらも、事の重大さを隠すように花柳界のことへ話題を転じた。

二日後、亀三郎は神戸にいた。

朝、栄町通二丁目に建築中の新社屋を見てまわった。合名会社の山下汽船を資本金一千万円の株式会社に改組する準備がすすんでいた。新社屋は株式会社山下汽船の本店になる。御影石をふんだんにつかった落成まぢかの新社屋を目にすると、亀三郎は覇気がりんりんとわきあがってきた。政治的なことをのぞけば、事業はなにもかも思うとおりになり、夢のなかにいるような毎日である。

大戦景気で、海運と石炭の事業がかせぎだした粗利益《あら》は、大正四年で二千九百万円、去年の五年は三千万円、そして今年はさらに増えそうである。まさに湯水のように金がわきでていた。金が余って、使い道に頭を悩ますという、十年前には思いもしなかった境遇である。

広壮な別荘を建て、書画骨董を買いあさり、豪勢な宴会や派手な茶屋遊びをしたところで、わきでる金はいっこうに減りそうになかった。

なじみの茶屋で一晩すごし、朝をむかえると、醒《さ》めた頭で投資先を思案する日々がつづいた。そして敬愛している渋沢栄一がらみの新規事業のなかから、海運に関係のある二件への出資をきめた。

ひとつは浦賀船渠株式会社の創立で、ここは最大の出資者になって取締役社長をひきうけた。またもうひとつは住友家と森村組、それに関西の有力財界人が出資して設立する扶桑海上保険会社（現在の住友海上）で、これにも大口の資金提供をして筆頭株主になり経営陣の仲間入りをすることになった。

このふたつの会社には、金子直吉もかかわっている。

午後、亀三郎はミカドホテルを改造した鈴木商店本店の専務室で直吉と向かい合っていた。一昨日の夜、電話で情報を交換しあっていた海運と造船統制のことがあらためて話題となった。亀三郎が宝物でも見つけたかのように、電話で山県から聞いた話を伝えると、直吉は外務大臣の後藤新平からすでに政府案を入手していて、鈴木商店の船舶部をはじめ社外船の海運会社はさしたる影響をうけないだろう、ときわめて冷静な反応だった。情報の収集力でも、直吉は亀三郎よりもずっと先を走っている。

その直吉を前にして、

「横綱の金子さんにくらべたら、わたしはまだまだ幕下です」

亀三郎は両肩で大きく息をし、自嘲してみせた。

「ああ、そう」

直吉は頰をゆるめることもなく、涼しい顔である。

鈴木商店はまさに昇竜の勢いだった。今年の見通しでは、取引規模は年商で十五億円（現在の価格で約三兆円）をこえ、ついに三井物産をぬいて日本一の商社になりそうである。

「案ずることは何もありゃせん。痛手をこうむるのはむしろ社船のほうですわな」

と、直吉は余裕しゃくしゃくに海運界を分析してみせた。

運賃や航路の統制がはじまれば、政府の手厚い保護の下にある日本郵船や大阪商船こそ、運航規制が強化されることによる打撃が大きく、これに対して自由運航ができる社外船の海運会社は、運賃も政府にしばられることがないので競争上優位にたち、得だというのである。

また外人への用船の規制や、「造船中の船は逓信大臣の許可なしに外人に引き渡すことはまかりならん」という規定も検討されているが、いずれもここ一年あまりの熱狂的な造船ブームを沈静化することがねらいで、規制の対象となる業者は雨後の筍《たけのこ》のようにでてきた中小零細に限定されるだろう、という。

亀三郎とちがって、宴会嫌いの直吉はまっとうなルートからの情報の収集につとめているので情報は精確で、分析や洞察も理にかなっている。しかし、それもこれも直吉の背後には後藤大臣を筆頭に有力な政治家が数多くひかえているからにちがいない、と亀三郎はみている。

（まさか、ただでおいしい話にありつけることはあるまい）

とつねづね思っている亀三郎は、神妙な顔で直吉にたずねた。

「ひとつ、教えて下さらんか。献金の方はどのように……」

「？……」

「そのぉ、たとえば後藤先生……」

「なんだ、会わせてほしいのかね」

「それは願ったりかなったりですが、その前に、鈴木商店として、後藤先生にどれくらいのことを……」

亀三郎は口ごもった。直吉はつりあがった目を、いっそうつりあげた。亀三郎は弁解でもするかのようにつづけた。

「もちろん、私のほうは、お世話になっている先生方にそれなりの御支援をしております」

「ほう、それはねばっこいことやなぁ」

「ねばっこい？」

「油ですわな。油の関係、いつまでもべたべたとつながっておる。シーメンス事件がよい例でしょうが。あなたがそんなに鈴木商店と後藤先生のことをお聞きになりたいのなら、まずご自分のほうから明かしてみたらどうでしょうな」

と直吉は亀三郎をうながした。まさに語るに落ちるである。

亀三郎はここ一年あまり、十万円単位（現在の価値で二億円）で、数多くの政治家に資金を提供していた。なかには五十万円を現金で、いきなり先方の自宅に届けたこともある。もらった者はいずれも大喜びである。つきかえしてくる者などはひとりもいなかった。亀三郎は直吉の前で、十数人の政治家の名前と献金額を白状した。総額は三百万円をこえた。

判事のような表情で聞き入っていた直吉は、

「気苦労が多くて大変ですな」

と他人事のようにいい、それからあっさりと打ち明けた。

「鈴木商店は昔から、どなたさんにも盆暮れのあいさつだけですな。それも君子としての儀礼の範囲です。あなたがご自慢の銘酒白鹿だと、せいぜい十本ほどですな」

「献金はありませんか」

「そんなこと、思ったことさえ、いっぺんもありまへん」

「本当ですか」

「本当も嘘も、君子の交わりは水のごとしです」

直吉は平然といってのけた。

亀三郎にしてみれば、にわかに信じられないことだった。後藤新平のほかにも、立憲政友会の高橋是清《これきよ》、憲政会の浜口雄幸、また若槻礼次郎《わかつきれいじろう》や幣原喜重郎《しではらきじゆうろう》、それに現総理の寺内正毅らと金子直吉はきわめて懇意だ、という噂がある。町の個人商店だった鈴木商店は、いまや三井や三菱とならび、天下を三分するほどの大商社にのしあがっている。

政界への資金面の工作もなしに、これだけの事業をおのれの才覚だけで展開しているのなら、直吉はまさに天才である。亀三郎は目の前の貧相な小男に身ぶるいするほどの畏怖を感じていた。

吉田丸の竣工、新社屋の落成と本店設置、持ち株会社の設立、それから株式会社として発足した山下汽船の東京支店の開設、とあわただしい日がつづいた五月の下旬、亀三郎は駿河台病院に入院している真之を見舞った。

真之が欧米から帰朝したのは昨年の十月三十一日である。帰朝後、第二水雷戦隊司令官という不本意な立場においやられ、真之は海上にいることが多くなったが、五月の初めに盲腸炎をわずらい、手術をすすめられての入院だった。

この半年あまり、真之の心境には大きな変化が訪れている。

帰朝して間もなく、私淑していた海軍機関学校教官の浅野和三郎が教官の地位をすて、大本教の本部がある京都の綾部に去ったことが、真之の信仰心に火をつけていたのである。浅野のあとをおいかけるように、真之はこれまでたびたび綾部をおとずれ、浅野の講話に聞き入り、修行を積みかさねている。退院したら、六月にも三日間、綾部にでかけて修行することになっていた。

そんなことを真之は語り、疲れたのか、亀三郎から視線をはずし、しばらく窓の外で青葉をしげらせた桜の老木を見つめていた。それから真之は中国の国内情勢のことを話題にした。

袁世凱が病死してちょうど一年がたっていたが、孫文がめざす革命政府は樹立されておらず、孫文は袁世凱の後継者の台頭で苦しい立場においこまれている。

「去年、上原閣下が久原さんを口説いて百万円を出してもらったが、それからあとの資金援助がどうなっているか、おれは小池部屋からはなれたのでよくわからん。しかし、孫文がこのままつぶされてしまうことがあったら東亜にとっても大変な不幸だからな。山下、孫文のことはよろしくたのむよ」

と、真之はかるく頭をさげた。百万円をだした久原房之助はいま鉱山成金とよばれ、商事会社をたちあげ、海運にも進出してきている。

「それは承知した。それよりも淳さん、まさか遺言でもあるまいし病気のほうはどうなのだ」

「心配するな。主治医はしきりに手術をすすめるが、おれは心霊の力でなおしてみせる」

「心霊か。淳さん、頭脳に秀でたお前からそのようなことを聞くと不思議なこころもちがする」

亀三郎は頬に翳《かげ》りが浮かぶ、真之の横顔を見つめた。

「山下、お前にはまだわからんことかもしれんが、信仰があることはありがたいことだ。よごれきった魂を神の御心のもとへ帰せば、これくらいの病はすぐに治る。六月に退院したら、綾部にでかけて魂をきよめることにしている」

と、真之は鎮魂帰神の信仰を自信あふれる口ぶりで語ったのだった。

亀三郎に信仰心はまったくない。真之の話をききながら、自分は信仰の才能にめぐまれていないのだ、と親友が信仰の世界にはいっていることに納得しようとした。

ところがケイの初盆をむかえるため、喜佐方村に帰郷した亀三郎は、ひさしぶりに郷里に帰ってきた村井保固に再会し、信仰についてふたたび思いをはせることになった。

保固は妻のキャロラインが真摯なキリスト教徒であったから、信仰生活に無縁ではなかったが、聖書に関心をいだくようになったのは明治四十年の夏のことである。帰国の際、森村市左衛門が愛読している「神人合一」という小冊子を市左衛門の三男から手渡され、大陸横断鉄道のなかで読み進むにつれ、おおいに感じるところがあり、聖書を熱心に研究するようになった。

帰国し、ちょうど五十歳の誕生日をむかえた保固は、日記につぎのように記した。

〈余は神の御心をなさんがために金銭をもうけ、かつこれを貯蓄するなり。よって余の金銭は余自身のものにあらずして、全く神に属するものなり。余はただこれを管理して神にたいし詳細なる計算報告をなす責任あるものなり〉

このときから十年がたち、保固が経営の一翼をになうノリタケ・カンパニーは、大戦の追い風もあって好景気のただ中にあった。「ノリタケ・チャイナ」はいまや世界の有名ブランドである。それで「神に属する」としるした保固の資産は船成金の亀三郎にはおよばないもののの、数百万円の資金は自在に動かすことができるほどになっていた。

保固は帰郷に先立ち、名古屋の自宅で、森村市左衛門から紹介されたキリスト者、好地由《こうちよし》太郎《たろう》から洗礼をうけた。この好地という人物はどこの教会にも属さず、牧師でも神父でもなく、ひとりの熱烈なキリスト者になった無期懲役刑の元囚人である。

かれは日本橋の店に丁稚奉公していた十七歳の春、女主人を犯し、犯行がばれるのを畏れて殺害した罪で服役していたが、独学で字を学び、聖書を読むようになって模範囚に生まれ変わり、二十二年間の獄窓生活をへて出獄した。この風変わりなキリスト者の存在を知った市左衛門は、かれの説教を聴いて深く感銘し、まず自らが洗礼をうけ、それから保固に紹介したのである。

ふたりが再会したその日のこと、保固は自らがキリスト者になったいきさつを亀三郎に語った。場所は入り江に面した筋の鯨御殿である。

座敷からは、夏の海が見わたせる。亀三郎にとって、鴨居の上の写真額のなかのケイと、保固の三人で海原をながめ、たちのぼる夏雲を目にしながら、神のことに思いをはせるのは、これまでに味わったことのないひとときだった。もし鯨が海上にすがたを見せたなら、亀三郎はそれを神のように感じるかもしれなかった。またそれゆえに、鯨はすがたを見せないことがひどくありがたい、と亀三郎は思うのだった。

しんとした空気にのせて、保固が一枚の和紙を机上においた。自分の心境を詩にしたものだという。浜風がとおる座敷で亀三郎は保固の詩に目をとおした。

霊泉！
あなたは昼も夜も　たえず噴き出し湧きだしている
いかに使っても減ることなく、尽きることもない

いつも溢れに溢れている
ああ、私はあなたのように豊かな心を持ちたい

霊泉!
あなたはすべての人を歓迎する
老いも若きも、善人も悪人も、男も女も、貴人も乞食も
あなたは差別なくすべてを抱擁する
ああ、私はあなたのように大きな心をもちたい

顔をあげると、保固の大きな瞳がじっと亀三郎を見つめていた。

「これ、いただいてよろしいでしょうか」

「いいですとも、君に差し上げようと思ってもってきたものです」

「誠に、もったいない気分です」

「僕はいまこう思っています。もっとも偉大なる事業は、純潔なる生涯である、と。それは取り込むにあらずして、与える生活にほかなりません」

保固ははにかむように微笑を見せた。

いっぽうこの夏、病気療養のため海軍将官会議議員の閑職に就いていた真之はふたたび腹膜炎が悪化したため、主治医のすすめで駿河台病院に再入院した。常人ならば激痛でのたう

ちまわるほど病状は重篤であったが、真之はつきあげる痛みに動じることなく、「自己の心霊の力」でこの危機をのりきった。炎症がおさまったのは、盆がすぎたころである。真之は渋谷の自宅にもどり、家族団らんの生活を楽しみながら、海軍の将来や日本の工業力、あるいは国民性について思索する毎日をおくっていた。

九月二日、亀三郎は久綱をさそい、真之の自宅近くの料亭で快気祝いをした。大戦景気で大儲けをした成金たちのなかには、あり余る金にまかせ狂態同然の乱行をくりかえす者たちがいて、世間はかれらに羨望と侮蔑のまなざしをむけている。亀三郎はこの点、書画骨董の収集に金はかけているが、身につけるものは帽子から靴下まで粗末なものばかりで、成金趣味はない。神戸の熊内に広壮な別荘を建築中だが、これは神戸にやってくる内外の賓客をもてなす必要から思い立ったもので、自分で住むつもりはなかった。

「世間は、成金、成金とまるで馬の糞でも拾って金にかえたようにいうが、みんなそれなりに苦労はしておる。そこのところは少しもわかってもらえんのだ」

と、亀三郎は愚痴った。

真之はすっかり悟ったかのような顔で、

「世の中はそんなもんだ。お前は天下の山下として雄飛せにゃならん男だ。心中では算盤をはじいていても、世間には太っ腹を見せろ。これからは政界にも実業界にもできるだけ鷹揚な人物と思われるようにしたほうがよいぞ。そしてさきざきは政治家や政党の力を借りず、自分だけの実力でやってゆく事業家になれ」

と、はっぱをかけるのだった。

この席で、亀三郎は真之に小田原の對潮閣でしばらく静養することをすすめた。山県元帥の古稀庵もすぐ近くにあると明かすと、真之には思うところがあるのか、十月になったらしばらく逗留したいと応えた。

九月二十九日、「戦時船舶管理令」が官報で公布された。

内容はすでに直吉が予測していた通り、逓信大臣による航路の指定、運賃の制限、船の外人への売買や用船の禁止などであったが、実際の運用には多くの困難が予想され、社外船を運航する海運会社への影響は限定的で、競争条件は社船よりもずっとよくなった。しかし大戦景気に乗じて大規模な造船投資をしている業者は痛手になる。管理令公布の直前に船舶管理局評議員に任命されていた亀三郎は、時事通信の記者の取材につぎのように応えた。

「今回の管理令は、余をもって云わしむれば、ふまじめなる海運業者の思惑に一大鉄鎚を下したものにして、まじめなる海運業者にとりてはなんら影響あるなく、むしろよき意味において、海運業者の保護というべきものである。ただ、余がみて大打撃たるべしとするものは、ここ三、四ヵ月間の海運界の熱狂的好況に乗じて画策せられたるあまたの海運会社並びに汽船会社であろう。かの勝田銀次郎氏がトン七百円をもって六万トンの船舶を購入し、八百四十万円の手付金を投じたるがごとき、恐らくは大打撃なるべく、その他の近時勃興せる各種海運会社のごとき、皆同様の運命に陥るのほかなるべし、と案ずるしだいである」

政府にたいしていたって鷹揚なコメントだった。新聞で報道されると、真之がすぐに電話

をかけてきて、

「個人的な山下が、国家的山下に進化したじゃないか」

と評価し喜んだ。亀三郎が礼をいうと、

「よいか、山下。一個の利害得失などはさして顧慮するにあたわずだ。まずは国家の利害を主として、その範囲内において同業者の利害を配慮するのが、国家の職員の仕事だからな。発言に余裕をのこし、断定的に突進しないようにつとめれば、天下一般に対して、山下の品格があがることはまちがいない。このことを忘れるな」

と、子どもに諭すように忠告するのだった。

あけた十月、関東地方に台風が襲来したため、真之は予定をくりさげ、四日に小田原へ出かけて十日ほど對潮閣で静養した。十一月は病身を押して綾部に出向き、数日滞在して心霊をきよめる修行にはげんだが、失われた体力は快復しないまま渋谷にもどってきた。

十二月一日、真之は中将に昇進したが同時に待命となり、療養をつづけることになった。

翌日、神戸から東京にもどってきた亀三郎はその足で真之の自宅を訪ね、昇進を祝うとともに医師に診察を仰ぐようにつよくすすめた。

真之は素直にうけいれ、翌日、海軍の本多医務局長に診てもらった。診断では患部はほぼ治癒していた。あとは心身の衰弱の快復をはかればよく、治療と療養に専念すべし、ということになった。真之はさっそく医務局長の見立てを亀三郎にも手紙でしらせ、このなかで、大病のおかげで修養をつみ、自己を啓発することができた。これからは快癒後の大活動にむけて、さらにいましばらく修養をつむことをこころがけたい、という趣旨のことを書いた。手紙を読み、亀三郎はここ最近、真之がますます神秘主義的な境地にはいっていくことが気がかりであった。東京で真之の近くにいてやりたいのはやまやまであったが、亀三郎自身が多忙をきわめていた。

山下汽船では、日本近海からとび出してシンガポールに進出し、不定期船の王者である三井物産船舶部を相手に競争すべし、という意見がにわかに高まってきたため、亀三郎はしばらく神戸の本社にいすわり、海外の海運情勢を分析し、重要な経営判断を下さなければならなかった。亀三郎は必要があればいつでも對潮閣をつかってほしい、とだけ真之に返信すると、神戸に発った。

重役会議でシンガポールへ支店を開設することを決めた翌日、亀三郎は神戸高等商業学校へでかけた。

つねづね神戸高商卒の新入社員に、

「おい、優秀な後輩を二、三十人、うちの会社にひっぱってこい」

と声をかけていたところ、学生をたくさん集めておくから、社長じきじきに入社勧誘の講演をしてほしい、ということになったのである。山からの寒風がふきおろしてくるなか、亀三郎はふたり曳きの人力車で学校へかけつけた。

出迎えた社員が学生会館のほうへ案内していると、亀三郎は途中でそわそわしはじめ、たちどまった。

「どうされましたか」

「いや、小便だ」

「それでは、こちらへ」

社員が校舎のほうへ導こうとすると、亀三郎は反対の方角へどっとかけだし、木陰に身を隠して立ち小便をはじめた。人力車にながくゆられ、身体がすっかり冷えていたのである。

何事もなかったかのような顔でもどってくると、訊いた。

「どれくらい集まっておるか」

「百人はこえております」

「そうか、よく集めた」

亀三郎は得意そうにうなずき、大股に歩き出した。

学生たちは亀三郎の話よりも、終了後にもらえる神戸オリエンタルホテルの食事券が目的であったが、大戦景気で三千万円もうけた噂の大成金というのはどんな顔をしているか、じかに見てみたいという好奇心もあり、亀三郎が得意そうに語り出すと、会場はしんと静まりかえった。

喜佐方村の暮らしから話をおこし、少年の亀三郎が家出をしたとき、大手をふって村の道を歩けるようになるまで帰ってくるな、と愛の鞭で大成をねがった母の人柄にふれ、吉原遊びのことはとばして、横浜で石炭商売をはじめたころの夜逃げの苦労などを語った。そして日露戦争のときに御用船でひともうけをしたが、調子にのってひろげた事業が失敗し、借金におわれ、苦しさからのがれようと鉄道線路に横たわり、あやうく助かったことを話した。

「そのころはですな、金がないと人にバカにされる。バカにされてはなるものかといつも空《から》威張《いば》りをし、洋服もパリッとしたものを身につけ、時計はプラチナだった。それが諸君、いま、金をもってみると、身なりで人を見るのは誠に愚かしいことだとわかった。恒産足りて恒心を知るとはこのことですな。だからわしはいま、できるだけ質素をこころがけておる。帽子はやぶれておるし、ズボンはつぎはぎだらけ、それに、これ、靴下を見てくれ」

亀三郎は演台のわきから右足をのぞかせた。

「このとおり、靴下も穴があき、つぎはぎをしておる」

自慢げに見せると、前列にすわっていた学生がズボンの裾をめくって亀三郎のほうへ素足を出し、

「あなたはつぎはぎでも靴下をはいている。しかし、僕らを見てくれ。このように靴下さえもない！」

と大きな声で野次った。

第四章　宇和海

焼き討ち

大戦に参加したアメリカが、自国の船舶不足を理由に日本への造船用鉄材の輸出を禁止したのは大正六年八月だった。このとき、日本からの注文済み鉄材は船に換算して九十万重量トン、およそ二年分の造船量に匹敵していた。このままアメリカの禁輸措置が長引けば、手もちの鋼材がやがて枯《こ》渇《かつ》し、日本の造船界はもとより重工業全体が瀕死の事態におちいることになる。

最大の発注者は鈴木商店だった。大統領布告が発令され、鉄材がアメリカの港から積み出せなくなると、直吉はすばやくうごいた。川崎造船、大阪鉄工所、三菱造船、それに亀三郎が経営する浦賀船渠など造船と海運二十六社をとりまとめ、「米鉄輸出解禁期成同盟」を結成して世論を喚起すると、政府に輸出解禁の交渉にのりだすよう圧力をかけた。

「アメリカの鉄と日本の船を交換したらええ」

と直吉は提唱し、この方法でまず本野《もとの》一郎外務大臣がワシントンへでかけ、「日米船鉄交換問題」にとりくんだが、鉄材をもらう代償として日本が供給する船舶量が過大すぎ、交渉は打ち切りになった。それで今度は田《でん》健治郎逓信大臣があとをひきついだが、これも交換条件が合わず話し合いは難航した。

十一月になるとアメリカは空席だった在日大使に弁護士のローランド・モリスをおくりこんできた。政府と財界はアメリカが本気でこの問題の解決にあたりはじめたものと歓迎し、明るい見通しをもった。ところがモリスは大変てごわい相手で、交渉は進展せず、日米間で合意を得ることはできなかった。逓信省は交渉の経緯と内容を公表し、国内造船所で不足をきたしている船鉄材料の補給について、農商務省が調査中であるというコメントをだした。

しかしそれっきりである。

その後、政府はなんの解決策も見出せていない。全国各地の造船所では、竜骨がむきだしになった骸骨のような船が船台に放置されたまま、大正七年をむかえていた。

年明け早々に外務省と逓信省の役人が連携してモリスと話し合ったが、すぐに船をよこせ、というアメリカと、鉄が先だ、と主張する日本とのあいだでやはり折り合いがつかなかった。事態は切迫している。大臣も官僚も解決ができないのなら、民間でやってみよう、という声が高まり、直吉からの依頼で、亀三郎は財界の重鎮である浅野総一郎とモリスとの会談のお膳立てをしたが、浅野の直談判も物別れに終わってしまった。

その日の夜だった。神戸へでかけるための準備をしていると、真之から電話がはいった。

年の暮れに、亀三郎が陸軍と海軍へ飛行機を献納したことをしきりにほめたあと、重々しい口ぶりで、

「山県元帥には元老として、ぜひ考えてもらいたいことがある。それで建言したいことを小田原でまとめてみたい」

と、しばらく對潮閣に逗留することを告げた。

すっかり気に入ってくれたのか、真之が對潮閣をつかうのは、昨年の十月と十二月につづいて三度目だった。寒さが厳しいときである。亀三郎は真之の健康を気づかい、小田原にある足柄病院の院長に毎日、真之を往診してもらうことにした。

一月二十九日、神戸の本社にいた亀三郎のもとへ、院長から真之が盲腸炎を再発している兆候がある、と電話があった。渋谷の季子夫人にも知らせたので、本多軍医総監、小林軍医中佐など海軍関係者も小田原へ急行することになったという。

翌三十日、東京へもどった亀三郎は對潮閣へかけつけた。

枕元では夫人がつきっきりで看護をし、医師団がそのまわりをかこんでいた。隣室には白川義則陸軍大将、それに櫻井眞清少将など同郷の人たちがみんな重苦しい表情でひかえていた。病床の真之は荒い息のまま昏々と眠っている。できる限りの手当をしているが、病状は悪くなるばかりだと軍医は亀三郎に告げた。

兄の好古大将は奥州の白河に所要で滞在中だった。重態のようであるからすぐに来てもらいたい、という意味の電報を亀三郎はうった。すると好古からは、

〈イカヌ　ヨロシクタノム〉

とだけ返電があった。

容体は予断を許さなかった。亀三郎は對潮閣にとどまった。

二月一日には長男の大《ひろし》、そして三日には二男の固《かたし》と三男の中《ただし》、それに親戚縁者がかけつけ、きれぎれに真之と言葉をかわし、隣室に待機した。この日は、前日の東京新聞に「秋山真之将軍重態」と報じられたため、一般の見舞客が多数訪れ、玄関先で記帳した。

四日の午前三時ころ、危篤状態になった真之は病室にあつまった近親者に別れのあいさつを述べ、

「これから、ひとりで行きますから」

と目をとじ眠りにおちた。

それから小一時間たち、隣室にいた亀三郎は医師にまねかれ、真之の枕辺にすわった。布団からでた真之の左手が、握手をもとめるかのように空をつかもうとしていた。亀三郎がその手をとると、

「山下、君はいよいよ国家的な人間になった。これからは国家のことを真っ先に考えてくれ。どうか日本のことを頼むよ」

と、亀三郎の手をにぎりかえしてきた。

「わかった、わかった」

目頭を熱くしながらうなずくと、真之はすがるように、

「子どものこと、よろしく」

と苦しい息のなかでいった。

「引き受けた。心配するな」

「ありがとう、それに……」

「なんだ、なんでもいってくれ」

亀三郎はぐっと顔を近づけたが、真之はもうなにも語らず、にぎられていた手を自らはなした。それからおよそ一時間後、相模の海が明るみはじめたとき、真之は旅立っていった。

棺によりそい、亀三郎は帰京した。

そして葬儀がすむと、すぐに神戸へ急行した。親友との別れを惜しむ時間はなく、亀三郎はふたたび前をむいて走り出していた。

大戦景気で莫大な利益をあげた山下汽船は、いまや隆盛をきわめていた。海外の代理店は、ロンドン、ニューヨーク、シアトル、サンフランシスコ、ホノルル、上海、香港、シドニー、ボンベイ、コロンボ、カルカッタ、ジャワ、ペナン、バンコク、アレキサンドリアへとひろがり、主要な都市には出張員を常駐させている。

所有船は十五隻（四万三千重量トン）で、社船である日本郵船の九十九隻（四十五万三千重量トン）や大阪商船の百十七隻（二十四万九千重量トン）にはまだ遠くおよばないものの、社外船では三井物産船舶部についで第二位にまで成長していた。そして定期用船は二十二隻にたっし、船腹不足のためどの船もフル稼働である。また開設したばかりのシンガポール支店に、働き盛りの社員三十数名を応援のために送り込んでいたから、神戸本社は未曾有の好況のうえに人手不足もてつだい、休日返上で仕事をさばいていた。

だが、暗雲も広がりつつある。船鉄交換問題は解決の糸口さえ見出せないまま、すでに五ヵ月がすぎようとしていた。

亀三郎が鈴木商店の専務室へ顔をだすと、赤電の束から顔をあげた直吉の表情は、これまでになく厳しかった。浅野にかわって、三月下旬をめどにモリスと民間代表の直吉が交渉できるよう、日程の調整がおこなわれている。

亀三郎は気づかい、

「モリスはえらい短気で、すぐに怒りだすそうですな」

と浅野から聞いたモリスの人柄を伝えた。

直吉は執務机をはなれ、山高帽をかぶったまま応接ソファに腰をおとした。いつものおだやかな学者然とした顔にもどっていた。

「世評はそうかもしれんが、アメリカはなかなかの好人物を日本によこしてくれた」

と直吉はモリス大使のことを好意的に評した。

直吉はニューヨーク駐在の社員に、モリスの人物像を徹底的に調べさせていた。その社員は五歳のときからニューヨークで育ち、アメリカの大学をでていた。直吉はかれに命じ、この問題に対するアメリカ社会のさまざまな階層の人たちの意見と、アメリカ政府の基本的な立場についての詳細な情報を集めさせていた。それらはモリスが過去にかかわった訴訟事件の概要とともにレポートになって、そのつど直吉のもとに届いていた。

直吉はまず交渉相手の経歴と仕事の内容を頭にいれ、そこから人柄を考察したうえで、船鉄交換問題の本質にせまる要因をつかみ（それは日本の急速な重工業の発展に、国内の製鉄業が立ち遅れていることにあった）、広く大きな視野からこの問題の解決をめざしていた。

直吉はこのようなことを大学の講義のように話すと、

「いま、後藤先生に英語が日本一できる通訳をつけてもらうよう、お願いしているとこや」

といった。勝算が十分にありそうである。

「日本一の通訳ですか」

「そりゃそうや、これは世紀の大交渉になるからな。モリスの人物調査は十分にした。日米双方の経済や社会の勉強もひと通りやった。そやからその成果を英語でしっかり伝えてもらわにゃならん」

と直吉は表情をひきしめた。

モリスとの交渉には通訳のほかに、関西学院大学の経済学と造船方面の知識が豊富な教授陣、それに産業復興公団総裁など、民間人もあわせて十人ばかりの随員でのぞむことになっている。

話が一段落すると、直吉は眼鏡をとり、ポケットからとりだした噴霧器で鼻孔にコカインを注入した。眼鏡をかけなおすと、

「ところで山下さん、いま、米の価格がヘンに上がりはじめたのをご存知ですかな」

と「ヘン」のところで声をつよめ、つぎのようなことをいった。

大正五年の夏、一石十三円まで下がって農村が苦しんでいたとき、鈴木商店は手持ちの調節米を輸出にふりむけ、六年の初夏には十七円まで回復させた。それで米価はしばらく安定していたが、六年の秋口から、にわかに急騰をはじめた。そこで鈴木商店は昨年来、こんどは高騰を抑えるため、東南アジア産の米を大量に輸入して市場に供出しているが、米相場は下落するどころか、二十円をこえ、いまや三十円めざして高騰をはじめている。これはどうも背後でだれか、意図的に米相場を高騰させているものがいる……。

「米は国民みんなのものやないか。金もうけの手段にしたらあかん、と社員みんなにきつうにいうとる。自由や個人主義を叫ぶのはええが、商人や会社が金もうけで米に手をだしたらおしまいじゃ。そんなことしたら民衆は困窮し、この小さな国はつぶれてしまうがな。政府がこのままほっといたら、民衆かていつまでも黙ってはおらへん。そのうちに暴動がおきる」

と直吉は鼠のような目をほそめた。

「政府はどうするつもりですかな」

「外米をもっと輸入せよ、といってくるだろう」

「それで対応できますか」

「わからん」

直吉は見放したようにいった。

大戦景気といっても潤っているのは企業ばかりで、大衆の暮らしが決して楽ではないことは亀三郎も知っている。神戸高商で素足を見せた学生の痩《や》せてほそい顔が目に浮かぶ。

「米といい、鉄といい、ほんまに内憂外患ですな」

思わず他人事のようなことを亀三郎が口にすると、直吉はキッとした顔になり、

「鉄のほうは、この直吉がなんとかする」

と口を真一文字にむすんだ。

モリス大使と直吉の話し合いは、三月十八日と二十三日の二回にわたって大使館でおこなわれた。

直吉は鉄不足が日本国内の産業に深刻な影響をおよぼしはじめていることを、具体的な数値をならべて説明した。このままアメリカの鉄禁輸がつづくと、日本国内に大量の失業者が発生し、左翼思想が広まり、経済秩序をおびやかす険悪な事態になるおそれがある。また日本が連合国の一員として、船腹供給の義務を果たすためには、アメリカからひきつづき鉄を供給してもらわなければならない。日本とアメリカの国際的な分業は国際平和と人類の繁栄に貢献してゆくものである、と直吉は全地球的な視野から問題解決の必要性を説いた。

「日本にも哲学をもつ人物がいたのか」と、モリスは直吉の高い見識と広い視野に驚き、これまでのいたって事務的で高圧的な姿勢をあらため、直吉と政治や経済について誠実に話し合った。

二回目の会談で、モリスは直吉の求めにこたえ、かれの権限内でゆるされる最大限の譲歩

をし、交換条件が日米協約として文書にまとめられた。その大要は、アメリカから輸入する鉄材の三分の二に相当するトン数の船舶を日本は輸出し、残りの三分の一を使って日本は船舶をつくる、というものであった。

この条件は日本にとって大変有利なもので、契約成立当初の概算では、日本が三億五千万円も儲かる勘定となり、日清戦争の賠償金をこえる収穫だ、と直吉の手腕は賞賛された。

もっともこの協約の履行中に世界大戦は終結したので、最終的に日本は三十五万トンの鉄材をアメリカから輸入して、百万重量トンほどの船舶を建造した。そしてそのうち三十七万重量トンをアメリカに輸出し、残った船舶のなかの五十万重量トン相当分で、国際汽船という名の新たな海運会社をつくった。

いずれにしろ日米間の懸案を見事に解決した直吉の功労に、寺内内閣は正六位を叙した。さらに内務大臣の後藤新平は満鉄総裁を引きうけるように要望したが、直吉は固辞した。

「お家《いえ》はん（店主のよね未亡人）に尽くすのが私の天命。生涯、鈴木商店をはなれることはありまへん」

直吉は野にあることを誇りとした。

鈴木商店を日本一の総合商社に育て上げた直吉は、およそ物欲のない経営者だった。土地も家も預金もなく、もらう給料はそっくり袋にはいったまま、会社の抽出《ひきだし》に何ヵ月分もしまわれたままになっていた。寝ても覚めても頭のなかは仕事のことでいっぱいで、世間的な名声や地位にはまるで無頓着である。ただ、貧しい生い立ちゆえに、直吉は民衆の暮らしぶりにはひときわ敏感だった。鈴木商店の発展は日本を豊かにし、民衆の生活の向上につながるという信念がある。

ところが米不足は解消にむかうどころか、日ごとに深刻になっていた。政府は「外米管理令」を公布し、鈴木商店や三井物産など七社に外米の輸入にあたらせたが効果はなかった。

五月初旬、直吉は政府に朝鮮米の緊急移入を申しでた。移入した朝鮮米を市場に放出し、米価を沈静化させて民衆の暮らしを守ろうというねらいである。政府はこれをうけいれ、鈴木商店に二十万石の朝鮮米を秘密裏に移入するよう指令をだした。鈴木商店は採算をまったく度外視して朝鮮米の移入をはじめたが、こうした動きに背をむけ、三井物産はひそかに仲買人に働きかけて国内の米を買い占め、ハワイへ三万石の白米の輸出をくわだてていた。政府も直吉もこのような動きがあることは知るよしもない。

一方、マスメディアは米価暴騰の原因は鈴木商店の「米買い占め」にあるとする報道をくりかえした。とりわけ、もともと寺内内閣に批判的だった大阪朝日は、シベリア出兵に積極的な後藤新平内務大臣を激しく攻撃するキャンペーンをはり、やがてその矛先は米価が高騰しはじめると、後藤とむすびつく鈴木商店へとむけられていた。そして八月初旬、米騒動の発端となった「越中女一揆」が全国紙に報じられると、火に油を注ぐように不穏な空気は日本中にひろまった。

八月十二日のことである。九十二歳になる高齢の母が危篤との報せで高知に帰っていた直吉が枕辺で母をみおくり、葬儀をすませて神戸へもどってくると、モリスから「至急会いたい」との電報が届いていた。

直吉は夜行にのるため三宮駅にむかった。いつになく街角や空き地に労務者風の男たちがたむろしていた。駅前からは、栄町通りを湊川公園の方へぞろぞろ歩く人々の群れが、途切れることなくつづいていた。

人力車をおりると、同行の秘書が直吉の傍らに寄り添い、

「専務、大丈夫でしょうか」

と不穏な気配を心配した。

直吉は駅の構内で足をとめ、街中へつづく通りをながめた。夕闇が深まる中、群衆は何者かにつきうごかされるように歩いていた。

「新聞は、あおるだけやからなぁ」

とだけいうと、直吉は改札口のほうへいそいだ。

寝台列車で三宮を発った。車掌が電報をもってきたのは、静岡に着いたときである。

〈ホンテン　ヤキウチサレル〉

発信元は東京の丸の内になっていた。

電報だけでは全容がわからない。明るくなりはじめた空を見上げ、直吉はそのまま上京することにした。そして横浜駅で列車をおりると新聞を買い求めた。紙面は燃えさかる本店の惨状を伝えていた。

十日の夕刻から湊川公園に集まっていた群衆は、警察の手でいったん解散させられたもの

の、十二日の日没前からふたたび集合をはじめ、夜にはいるとその数は一万人にたっした。群衆は口々に、「鈴木商店を襲え」と叫び、喊声をあげると長蛇の列となって通りを行進し、午後八時に鈴木商店本店前に押し寄せた。その数は一万人をゆうに超え、石や瓦を本店めがけて投げはじめた。すると群衆の後方にいた一団が、「鈴木の本宅を襲え」と叫びながら栄町四丁目の方向へかけだし、本宅に乱入すると家財道具を道路に運び出して火をつけた。

本宅へ火が燃え移るのをたしかめると、一団は本店へとってかえした。そして厳重に閉ざされていた扉を破壊して本店内部へ侵入すると、石油缶をはこびこんで火を放った。たちまち一面は火の海となり、三階建ての本店は二万人の大群衆が見つめるなかで焼け落ちてしまった。炎がさらに群衆をあおる。荒れ狂った一団はこのあと、神戸新聞社、神戸製鋼所、神戸信託会社、米屋、米穀店、精米所、金貸しの邸などを襲って破壊し火をつけたのである。

（なんと、愚かな！）

直吉は政治の無策と、無責任な新聞への怒りが胸をついた。

電話でお家はん（店主のよね未亡人）は事前に邸をあけていたので無事であること、また社員にも被害がなかったことを知ると、直吉は東京へでてモリスに会い、早々に会談をきりあげ神戸に引き返した。

直吉は焼け跡に立った。かけよってきた社員が唇をふるわせた。

「米がほしいなら、もっていけばええ。それが焼き打ちとは。専務！　悔しおまっ！」

「もうええ、もうええ。すんだことはしょうがない」

直吉は淡々とした表情で、ぽっかり空いた青空を見上げていた。

翌日、直吉は亀三郎からの見舞の電話に応えた。

「日本のなかで競争したらあかん。世界が相手や。支那やアメリカ、それに欧州が商売の舞台や。山下さん、あんたも世界のトランパーを目指せばええ。世界をまたにかけてこの鈴木と競争や」

と叫んでいた。

海外

日本中にひろがった米騒動のあと、時代は大きく変わる。

大戦がおわると、成金をうみだした戦争景気は急速にしぼんだ。戦後の不況期をむかえ、企業経営は苦しい時代へはいってゆく。このようななか、山下汽船は積極的に海外へ活路を求めた。日本近海から東南アジア、さらに豪州からヨーロッパへと航路を開拓し、トランパー(不定期船)の時代の先頭に立つことになる。

この困難な時代における山下汽船の堅調ぶりは、優秀な人材が育っていたことが最大の要因である、といわれている。亀三郎は人を育てる名手で、「山下学校」とよばれるほど、昭和の時代の海運や造船をになう数多くの俊英が山下汽船から育っていった。

亀三郎は人材を集めることに金をかけている。

大戦景気にはいると、「君はたくさんもうけているから、少し寄付しろ」と、穂積陳重からいわれた。

それで学士院にたっぷり寄付をした。すると毎年、総会へ招かれるようになった。これぞ好機である。亀三郎は錚々たる大学の教授たちに、よい学生がいたらどんどんうちによこしてください、とたのんでまわった。その効もあって大戦中、帝大や早稲田、慶應、中央などの有名私大と高等商業学校を卒業した俊英がつぎつぎと山下汽船に入社した。

京都帝大の大学院で、マルクスやマーシャルの原書を読む生活をしていた田中正之輔《しょうのすけ》も、こうしたいきさつから山下汽船にはいることになった逸材のひとりである。

大正六年の早春、田中は指導教官の末広重雄によびだされた。

「きみ、山下亀三郎という人物を知っとるか」

「顔はわかりませんが、名前は聞いたことがあります」

亀三郎は勝田銀次郎、内田信也とならび船成金三人男とはやしたてられていた。

末広はぐっと身をのりだし、

「あれはわしの故郷《くに》の者《もん》でのう。船でもうけてえらい勢いじゃ。なんでも海上保険、たしか扶桑海上とかいったが、そいつを設立した。ところが保険のことがわかる者がそろわんので、優秀な学生がいたら会わせてくれんか、と山下がいうてきた。どうだね、会ってみないかね」

田中の研究課題はイギリス法と海運だった。同じ海上でも保険とはおおいに異なる。それはごめん被ります、と断わった。すると、

「あれは、よっぽど面白い男だよ。学問をきわめるつもりなら、ひとつ事業家の首実検でもするつもりで会ってみたらどうだい。こんど神戸に来る日を教わっているから、勉強のつもりで行ってみろよ」

と指導教官は会うことをすすめた。

首実検という言葉に田中のこころは動いた。三千万円の成金というのは、どんな顔をしているか、見てみるのも愉快である。そんな気分で、神戸の山下汽船へでかけた。

「なんだ、これは？」

玄関のドアを開け、田中は思わず声をあげた。

社内のだれもかれもモーニング姿である。けったいなところに来てしまった、と訝《いぶか》りながら、案内をこい、導かれるままに二階の社長室にはいった。成金の部屋だからさぞ豪華だろうと思ったが、だだっ広いだけでなにもなかった。奥の応接セットに、やはりモーニングを着た中年の男が三人すわっていた。一番貫禄のある四角い顔の男が社長だ、と判断し、前に立ち、名前を名乗り、用件を伝えると、ぎょろっとすごみのある目でにらまれ、

「社長ならあっちだ」

男は衝立の向こうへあごをしゃくった。すると、

「やあ、君が末広君のいう田中正之輔か」

衝立の影からひょこり、小柄で色の浅黒い男があらわれた。社長の亀三郎だった。やはりモーニングを着ている。

「君、今日は新造船の吉田丸の引き渡しの日なのだ。で、ほれ、みんなで着替えていたところだ」

亀三郎は上機嫌である。なるほど、それで筒袖に下駄履きの小僧たち以外は、全員おそろいのモーニングなのか、と田中は納得した。まるで西洋スポーツのクラブのようで面白い。

亀三郎は田中のほうへ歩み寄り、両手をさしだした。

「いつから来るかね」

と漕艇で鍛えた田中の手をにぎりながら訊いた。亀三郎の手は祇園の芸子のようにやわらかい。船屋のくせに気味の悪い手だ、と感じながら、

「保険なら断わります」

と田中は即座に応えた。

「そうか、なら、ここに来てくれ」

亀三郎は田中の手をぐっと引き寄せた。

「ここ、海運会社ですね」

「そうだ。君なら大歓迎だ」

「しかしまだ、なにも……」

「心配はいらん。つごうがついたら来たまえ」

「じゃ、四月一日」

と、つい田中は応えていた。首実験のつもりが首実験をされ、田中の入社が決まった。

亀三郎はこのころ、よくこんな風に語っていた。

「わしの会社は小僧上がりと大学出の秀才を二つの柱にしたい。小僧は郷里の伊予から筋のよい者をつれてきて仕込む。大学出は東京は穂積、京都は末広のふたりの博士にあっせんしてもらう。大学出の給料は大銀行の二割増しである」

大学院からさらわれてきた田中の場合は、さらに待遇がよかった。

しかし入社してわかったことは、教わるのではなく、すべて自分で考え、自分で解決しろ、だった。ひと月後に山下汽船は新社屋へ移転し、合名会社から株式会社になった。

「きみ、合名会社から株式会社への権利義務移転につき、法律的に遺漏がないようやってくれたまえ」

営業部長の白城が書類をどっさりもってきた。

用船契約書さえまだ読めない新人の田中に、名義変更手続きをいっさいやれ、という命令だった。何日も徹夜をしてやりとおすと、今度は創立以来三十年間、会社にたまっていた書類の系統的整理とその方法の確立を命じられた。田中は営業、経理、社船、人事、総務など部署を問わず片っぱしから書類を読み、ひと月ほどかけて書類を整理し分類表を作成した。

六月には社船課に配属された。ここで田中は船主としてのおおよその仕事を身につける。それらは用船契約書の作成、運賃の航海予算、バンカー手配、積み上げの督励、保険契約、各種クレームの処理、衝突などの法律事項、支店と代理店の監督、神戸に出入港する各船の船員との応接、それに船用準備金の管理などであった。

とにかく忙しい。独身者は会社に泊まるか、夜、花街にくりだして、そこで一夜をすごして出社するかのどちらかだった。

社内には社員のほかに店童《てんどう》とよばれる小学校卒と、店童を数年勤めあげた古参か商業学校新卒の詰襟《つめえり》がいた。店童は三十人ほどいて、みんな棒縞《ぼうしま》の和服に角帯、下駄履きだった。十数人いた詰襟ともに伊予の田舎から「黄金の里」とはやされる神戸へやってきた者が大半だった。かれらは社屋の三階に起居し、食事から風呂まですべて会社の給与でまかなわれていた。朝六時起床、清掃、事務室の机上の整理をおえると、食堂で全員そろって朝食、八時半から午後五時までそれぞれの部署で仕事をする。残業はいつものことで、就寝が十時である。

「これでよいのか？」

店童の一日を観察していて、田中は疑問に思った。

会社は店童からたたきあげて実務をしっかり仕込み、やる気のある者を昇進させるという。しかし世界へ進出しようとしている海運業の従業員が、昔ながらの丁稚奉公からのたたきあげでよいのか。せめて中学卒くらいの知識や教養がいるのではないか、と田中は白城に進言した。

亀三郎のはからいで、実用英語や大学卒レベルの教養を身につけている白城は二つ返事で話にのり、社内に店童と詰襟の再教育制度をつくった。名前は店童学校とし、校長は田中で、法律、経済論、文章作成、時事問題の四講座を担当し、社船課長が修身と海運実務、総務課長が習字と運動指導、経理課長が英語という配置になった。

入社してまだ三ヵ月たらずの田中が校長になっても、上司はなんのこだわりもなく、すすんで教師役をやってくれる。

話を聞いた亀三郎は、

「わしは、契約書一枚も書けん。それでせんでもええ苦労ばかりやった。店童学校、おおいに結構。どんどん鍛えろ」

と特別手当をだし、奨励した。

店童も詰襟も夜間学校に感激した。学校は夜七時から九時までである。だらだらとした残業はなくなった。

それからひと月たった七月の中旬だった。神戸港沖に停泊中の本船へ使いにいった店童が艀《はしけ》から海に転落し、おぼれかけているところを救助された。それで田中が店童を集めて訊いてみると、なんと、泳げる者はたった三人しかいなかった。そこで田中は店童学校の授業を水練にきりかえた。さっそく須磨の海岸に一軒の風呂付きの家を借りた。

「水泳ならわしでも教えられる」

神戸にいるときは亀三郎も水練に参加した。

各課で最低限の管理要員をのこし、午後四時に退社。三宮駅にかけつけ須磨へいそいだ。海上のランチから赤褌《あかふんどし》の亀三郎が水しぶきをあげてとびこむのが、水練開始の合図になった。夜九時に会社に帰って食事をかけこむと就寝。夏のあいだ、出入りする外部の人たちは、社内のだれもが真っ黒に日焼けをしていることに目を見張っておどろいた。

田中への評価と信頼はうなぎのぼりである。

大正六年十二月、東南アジア一帯のトランパー配船を独占している三井物産船舶部を敵にまわし、シンガポールへ進出することになった。社運をかけ、本社の三十名をこえる社員をごっそりひきつれ、シンガポールへ出かけることになった白城が、

「あとは、田中にまかせておけば大丈夫」

と亀三郎に進言した。

専務の鋳谷や常務の玉井などベテランも神戸に残っていたが、手足になる店童や詰襟からの信望が厚い田中の存在は大きかった。亀三郎は課長級の給与と賞与をだし、留守番役を田中にまかせた。

シンガポール支店では、南洋とインド方面沿岸の港に山積している滞貨を通常の三倍から四倍の運賃で配船した。大戦が終わった大正七年十一月以降も配船はつづき、欧州の海運会社がこの海域に本格的に復帰する大正十年末まで、山下汽船はかせぎにかせぎ、シンガポール支店は三千万円をこえる利益をあげた。

そのシンガポール支店が動きだしたころである。

「おんぶにだっこの社船に、いいようにさせてなるものか」

亀三郎は重役会議で息巻いた。

台湾航路の横浜と打狗《だぐ》線、それに横浜と基隆《キールン》線は政府の受命定期航路なので日本郵船、大

大正６年8月、須磨の浜でおこなわれた山下汽船社員の水泳大会（山下源一郎氏提供）

山下汽船神戸本社。建物の上に社旗がひるがえっている。昭和11年に撮影（山下源一郎氏提供）

亀三郎が幹部社員の反対を押し切って川崎造船に発注し、大正６年、はじめての自前の新造船となった吉田丸。船体は鉄板の境がはっきりしていて当時の溶接技術の未熟さが見てとれる（商船三井提供）

京都帝大大学院から山下汽船に入社した田中正之輔の結婚式。前列右から伊藤博文の紹介で亀三郎が知り合った迫間房太郎、妻、長女嘉子、田中正之輔、亀三郎(八木憲爾氏提供)

亀三郎、カメ夫妻(前列)と、長男の太郎 、栄子夫妻の記念写真(山下眞一郎氏提供)

右は昭和15年、陸軍省にて陸軍次官阿南惟幾(左)に一千万円を献金した亀三郎。左は昭和18年頃の亀三郎(共に学校法人桐朋学園所蔵)

暗殺の危険がせまっていた汪兆銘救出に活躍した山下汽船の北光丸(商船三井提供)

国賓として来日した汪兆銘が昭和16年6月21日、亀三郎の高輪私邸を謝恩訪問。左から三井財閥の池田成彬、亀三郎、汪兆銘、一人おいて本多熊太郎中華民国大使(山下源一郎氏提供)

昭和18年3月、東條英機首相（前列中央右）から内閣顧問に任命された亀三郎（東條の左隣）。翌年1月からの日本、朝鮮各地への視察は亀三郎を疲弊させた（山下源一郎氏提供）

晩年の亀三郎のねまき姿の写真と彼の自筆の手紙。実家を継いだ兄重治郎の妻の榮に宛てたもの。左下方の〝亀〟マークがおもしろい（山下源一郎氏提供）

阪商船、それに三井物産船舶部の三社が独占し、「台湾三社ライン」を組織していた。この航路は往路が日本からの雑貨、復路は台湾糖を日本へ運ぶ。受命航路なので補助金はもらえるが、運賃には上限があった。

しかし大戦がはじまると、この受命航路は一般のトランパーにくらべて、問題にならないほど運賃が安くなった。三社は運賃の引き上げを台湾の糖業連合会へ要求した。連合会はこれに反発して自ら船を買い、自力で砂糖を日本へ運ぼうとしたが、一度の航海で大赤字をだしてしまった。ここで三社に頭を下げれば、ますます増長させることになる。そこで大正七年の初夏、トランパーの山下汽船もいれて競争入札をしようということになった。

話をもってきた連合会の幹部は、

「社船さんに対抗はでききん。そやけど、いわれるままじゃ男がたちません。結果的に三社が落札するにしても、山下さんが参加してくれることで、三社を牽制できます」

と頭を下げた。

(参加だけですませてなるものか)

亀三郎のなかに流れる野人の血がさわいだ。社船の鼻っ柱をたたくよい機会である。

重役会議で、三社側の落札運賃をさぐるように指示をだした。東京支店駐在の玉井取締役はさっそく、大阪商船の幹部二人をこっそりまねき、手慣れた宴席をもうけた。その結果、入札運賃価格を三社側よりも単価で十銭安くし、山下汽船は台湾受命定期航路を三社から奪うことに成功した。

念願の定期航路へのわりこみを果たしたが、すぐ難題にぶつかった。

人材も船も情報も不足し、さらに定期雑貨の取り扱いについて、ノウ・ハウ（具体的な知識・技術）をもつ社員がいなかった。

「商船の二人を引きぬいて、貨物課をつくれ」

と亀三郎は指示をだした。人員は東京支店と神戸の本店、それに門司支店からかきあつめ、台北に十五名、基隆と打狗にそれぞれ十名、さらに新設の貨物課に二十名を配置した。これで台湾航路を運航する体制はできたが、田中のいる神戸本店は、重役と十数名の新入社員、それに店童だけになってしまった。

船腹不足のなか、船のほうは高価な用船料でなんとか確保し、赤字承知のうえで台湾航路の運行がはじまった。しかし、翌年には三社ラインも定期航路を復活させたため、山下汽船とのあいだで競争が激しくなり、大正十三年になって、亀三郎は大阪商船に台湾航路を譲渡した。結果、台湾への定期航路進出は山下汽船に大きな損失を生じさせたが、海外定期航路の運営について若い社員たちは多くのノウ・ハウを得た。

かくして大戦は、山下汽船を戦争成金へと押し上げたが、その一方で、トランパー運行の海運専一会社から、世界各地の船主と荷主と顧客を仲介する海運オペレーターへと成長させたのである。

大正八年、海運界は大戦後の混乱にみまわれたが、大戦中の物資不足をおぎなうため、遠洋貨物の商談は急増した。砂糖、米、麻、コプラ、胡麻など南洋各地に滞貨していたものが、いっせいにヨーロッパへむけて動きだした。

大戦の反動は、大正九年の春からである。山下汽船では、せっかく開拓した遠洋方面が極端に閑散となった。確保していた八千トン級の大型用船数隻に荷主がつかず、港に浮かんだままになっている。

「代理店に電報をいれよ」

白城部長の命をうけ、新婚間もない田中は毎日、夜遅くまでのこって海外の代理店に電報をうちつづけた。

しかし、何日たっても貨物がない。

「電報料がたまらん、もうやめよ」

白城が中止を命じた。

田中は壁面の世界地図の一点を指さし、

「部長、ここにしぼって、あと一万円だけ、つづけましょう」

とねばった。視線はオーストラリアにある。

なんのあてもなかったが、メルボルンの代理店に打電をつづけた。

残金があと二千円になったときである。先方から一通の赤電がはいった。ニューカッスル積み、ペナン揚げの石炭五万トンの貨物である。さっそく船を手配し、この夜は社船課で花街へくりだした。そしてこれが糸口となり、ニューカッスルからシンガポール、ペナン、ジャワ、ラングーン、サイゴン、バンコックまでにわたる豪州航路が拓かれた。

ところで、このころ亀三郎は欧米漫遊のさなかだった。同行したのは前大蔵大臣で同郷の勝田主計《しょうだかずえ》や海軍の退役将校たちである。亀三郎は日本酒から味噌、醤油、浴衣、団扇、扇子、足袋、草履、それに赤褌もたっぷり用意し、訪問先で配ってまわった。ただ赤褌だけはどこへもっていっても受け取り手がなく、そっくり日本へもち帰ることになる。この外遊は四月十二日に横浜を出港し、アメリカ各地を訪れ、大戦後のヨーロッパ各国を見てふたたびアメリカへひきかえし、シアトルから帰途につくという、八ヵ月にわたる大旅行であった。

ニューヨークのプラザ・ホテルでは、慶應を出てハーバード大学に留学している長男の太郎が、父を出迎えてくれるはずであったが、太郎はホテルに来てなかった。寄宿舎へ電話をいれると、重要な講義があって、しばらく大学を離れられない、と太郎は応えた。ひさしぶりに会えることを楽しみにしていた亀三郎はぐっとこらえ、講義のない日曜日に太郎と会うことにした。

その待ちに待った日曜日。

「お父さん、これは、ひどい」

ロビーで父と対面すると、太郎は開口一番、亀三郎のズボンを見て眉をしかめた。すねのところに大きなつぎをあてている。みっともない、とりかえたらどうか、という。

「すねをだしているわけじゃない。破れたところにつぎをあてているのがなぜ悪い？」

亀三郎は口をとがらせた。

「ここは日本じゃありません。ニューヨークのプラザ・ホテルです。マナーを守らないと嗤《わら》われますから」

「ほう、アメリカではつぎはぎのズボンはけしからんというのかね」

「いえ、ここは老舗のホテルだからです」

「なんだ、お高くとまっているじゃないか」

「そんなことではなく、単なるマナーです」

再会した父と子はロビーで口論になったが、しまいに亀三郎がおれて、在住の日本人テーラーに洋服を仕立てさせることになった。

真新しい洋服でヨーロッパへ発った亀三郎は、アムステルダムから汽車でベルリンへはいり、敗戦国ドイツの惨状を目の当たりにした。目にはいるものはなにもかも惨めさをかきたてるものばかりである。

しばらく滞在したハンブルグで、亀三郎はいつも早起きをして、朝の五時ころから職場へ向かう職業婦人や職工のすがたをホテルの窓から見つめていた。それは脇目もふらず、まっしぐらに歩く人々だった。そのすがたはこれまでまわってきた国とまるで異なっていた。ひとりひとりが敗戦の責任を緊張感あふれる肩に背負って歩いている。軍靴のような靴音が耳元にまで聞こえてきそうだった。

(この国は、やがてかならず復活するにちがいない)

と亀三郎は思った。その思いを忘れないために、五百円だして一万マルク紙幣を一枚手に入れ、日本への土産にした。

大アジア主義

大正九年から経済はゆきづまったままである。

海運も慢性的な不況からぬけきれないでいる。山下汽船では海外の駐在員をつぎつぎに縮小したので、神戸の本社も東京支店も帰国した古参社員であふれていた。人員整理が必要なのだが、何年も勤めた社員の首をきるのはしのびない。

大正十二年の春の入社式の訓辞で、亀三郎はいきおい、

「いまからでも遅くない。よいところがあれば遠慮なく退社してくれ。この山下はいつまでもつかわからん」

と三十名の新入社員をおどかした。新入りはますます肩身がせまく、古参はいっそう居心地が悪くなった。

八月、亀三郎は避暑をかねて朝鮮旅行へでかけた。

釜山から汽車やバス、それに人力車や馬の背にゆられ、朝鮮の田舎を見てまわり、気に入ったところにしばらく滞在した。そうした旅をつづけながら北上し、月末になって京城(ソウル)にはいると、かつて伊藤博文公へ謁見するために宿泊した城山館に逗留した。

当時、同行した料亭「新喜楽」の女将も、韓国倉庫の共同出資者だった平沼延次郎もすでに世を去り、伊藤の秘書官だった古谷久綱も四年前のスペイン風邪で急死していた。またそのとき亀三郎は伊藤の紹介で大地主の迫間《はざま》房太郎《ふさたろう》と親交をむすぶようになったが、その迫間

の長女嘉子はいま、亀三郎の口ききで田中正之輔の愛妻におさまっていた。

亀三郎も五十路《いそじ》をとっくにこえ、還暦がちかくなっている。宴席もなく、仕事からはなれ、城山館の一室から暮れなずむ景色をながめていると、亀三郎はがらになく自らの来《こ》し方をふりかえり、日本の行く末を思うのだった。

家出からこのかた、沈みつ浮きつしながらも、

（よく、ここまで来たものだ）

という感慨が胸をついた。それは自分自身のことであり、また日本のことでもあった。

亀三郎はその夜、太郎宛につぎのような手紙を書いた。

――いまあらためて太郎に説くまでもなく、我が日本国民は明治の御一新以来、文物の範を欧米からとった。汽船、汽車、電信、ガス、電気、はては衣服も食べ物も教育制度みな欧米から輸入したために、すっかり欧米依存ということになってしまった。いまふりかえってみると、我が日本にもっとも近い朝鮮、支那、印度の存在に我が日本国民は十分な目を向けず、とりわけ支那についてはないがしろにし、その将来を同じアジアの日本とともに考えるという姿勢を見失ってしまった。いまの日本人は、やたら議論をし、ものを言い、新聞雑誌の材料になっている人間を見て、これを世に優れたものとしてしまうのは誠に憂うべきことだ。

静かにものを考え、真に国民としての職分をつくしている人間には少しも目を向けていないから、机上の空論家が跋扈《ばっこ》し、大衆がそれに引っ張られている。生前、父と兄弟以上の仲

であった秋山真之中将は、排満革命をなしとげた孫文の中華民国を日本の大切な友人として、その発展をねがい、支援を惜しまなかった。しかしいま、領土的な野心をもつ一部の日本人の声ばかりが大きく、中華民国を大切な隣人として尊重する空気が失われようとしていることは、誠に残念なことである。かつて日本人は多くのことを支那から学んだことを忘れてはならない。――

この手紙を投函し、さらに京城から北の地方も見てみようと、長旅の準備をしているときに、秘書が関東地方で大震災があった、とかけこんできた。

まっすぐ神戸に帰り、緊急の重役会を招集した。

「日本経済の中枢部の東京と横浜が震災と大火災でほぼ壊滅し、都市機能は麻痺している。被害地域のすべての経済活動は停止している」

「東京を中心とする金融はすべて止まった」

「東京が旧に復するには、向こう二十年はかかるだろう」

などなど悲惨な報告があいついだ。経済界の再興の目処《めど》もたちそうにない。山下汽船としても事業規模の大幅な縮小にともなう人員の整理が待ったなしになった。

「社員の首をきって、役員だけがノホホンとしているわけにはいかんだろ。全責任はわたしが取る」

まず専務の鋳谷が辞表をだした。すると翌日、常務の玉井が、

「われわれふたりが辞めれば、少なくとも十人の社員の首をきらなくてもすむ」

とあとにつづいた。

創業以来、苦労をともにしてきた二人だが、亀三郎はひきとめなかった。そのかわりに退職金にかえて、北海道空知郡の奔別炭坑を両者に与えて功労に報いた。そして常務に昇格した白城と、帰国して社船課に復帰していた田中を呼んで命じた。

「この際、台湾航路を三社ラインに譲渡したい。会議で合意をとりつけたら、足もとをみられないよう交渉しろ」

「どれくらいをお考えですか」

「二百万円だ。半分は現金」

「やってみましょう」

白城は眉ひとつうごかさず応えた。

台湾航路は定期航路運営の勉強になったが、開業から今日まで赤字つづきである。授業料は十分に払っている。譲渡に反対する役員はなかった。しかし亀三郎の提示した条件は厳しく、白城は一年余りかけて話をまとめ、台湾航路を大阪商船に譲り渡した。そして手に入れた現金百万円は、つぎつぎに去っていく社員の退職金にあてられた。

大震災から一年がたった初冬のことである。思いがけない人物が亀三郎を訪ねてきた。

先方は電話で、日本橋の東京支店に伺いたいと申し出たが、亀三郎は高輪の自宅で会うことにした。初対面になるが、真之の話のなかになんどもでてきた山田純三郎である。

山田を一見し、「誠実」を人間のかたちにしたような男だと亀三郎は感じた。細身だが胆力がありそうである。

(なるほど、この男なら)

孫文が心をゆるし、頼りにしている日本人の色白な顔を亀三郎はまじまじと見つめた。

「孫先生は、いよいよ北京にはいられます」

山田は喜色満面である。

およそ八年間、野に下っていた孫文が北京政府の混乱を収拾して臨時執政になった段祺瑞《だんきずい》の招きに応じ、国民政府(広東政府が改称)代表として北京へ向かうことになった、というのである。

ふりかえれば、中国は孫文を北京から追いやった袁世凱が急死したあと、軍閥が割拠する時代がつづいていた。対外的に中国の代表として北京政府は存在していたものの、支配している地域は限られ、かつ北京政府の内部でも権力闘争が絶えず、政権はつねに不安定であった。孫文は南に下り、広東に軍政府を成立させ北京政府と対峙したが、やがて軍をもたない孫文は広東政府の改組に反対して大元帥を辞任した。それからひと月後の大正七年六月、孫文は日本を訪れる。ところが日本政府は北京政府に配慮して、孫文が東京へ入ることを拒否した。

山田はこのときのことから、話をおこした。

「孫先生は、政府の要人や犬養先生、田中参謀次長、それに久原さんなどの財界人にお会いしたあと、二月に亡くなられた、敬愛する秋山真之中将の追悼会に参列し、お墓にお参りするつもりでした。ところが東京にはいることがゆるされず、滞在した箱根から、秘書の戴天《たいてん》仇《きゅう》を芝の青松寺でおこなわれた追悼会に出席させ、さらに青山霊園につかわして秋山中将の御霊《みたま》に誠をつくし、非礼をわびたのです」

「そうですか、そのようなことがありましたか」

孫文という革命家の真骨頂をみる話である。亀三郎がしきりにうなずくので、山田は孫文についての話をさらにつづけた。

ロシア革命を、「革命の成功したケース」と見た孫文は、大正十年七月に成立した中国共産党との連携も考えるようになる。いっぽう、このころ東京市長だった後藤新平は、ソ連の外交官ヨッフェと孫文が話し合う機会をつくるための工作をおこなった。山田は後藤の命をうけ、ふたりが密談する場所をなんども設定する。そして大正十二年一月、ソ連の中国大使ヨッフェと孫文は、「中国にとってもっとも緊急の課題は民国（中華民国）の統一と完全なる独立にあり、ソ連はこの大事業に対して熱烈な共感をもって援助する」という共同宣言を発表した。

この後、さらに後藤は孫文の腹心とヨッフェとの会談を日本の熱海で実現させた。ソ連はこの中ソ会談で、中国の革命を成功させるために、軍事費と軍士官学校設立資金をだすことを約束し、孫文を喜ばせた。孫文は「連ソ容共」の姿勢をつよめ、蔣介石をモスクワへ送り、近代的な軍隊組織を学ばせた。

孫文のこうした一連の動きは、日本でも伝えられ、孫文が赤化したとか、共産党に同調した、といわれていた。亀三郎も孫文の「連ソ容共」につよい関心と疑念をいだいているひとりである。山田はそんな気配を察したのか、

「孫先生は、決して共産主義者ではありません」

　同調をもとめるようにいい、

「もともと日本の助けを望んでおられるのに、日本政府は手をさしのべてくれません。ソ連から援助を受けるのは、革命を成功させるためであって、共産主義への警戒を怠ってはいないのです」

と孫文の立場を弁護し強調した。

　上海のフランス租界に住み、広州の孫文との間を行き来していた山田は、大正十二年十一月に孫文のもとを訪れ、しばらく日本へ帰ることを告げた。すると孫文は三日間かけて犬養毅への手紙をしたため、山田にたくした。その内容は第二次山本権兵衛内閣の逓信大臣になっていた犬養に、あらためて日本政府としての支援をもとめたものである。

　帰国した山田は、犬養の家を訪ね直接書簡を渡そうとしたが、犬養は不在だったので、家の者にことづけた。数日後、東京の山田の自宅に、書簡をうけとった、という返事が犬養からあった。しかし、それから一年ちかくになるが、犬養は孫文に返信をしていないという。

　山田はいずまいをただし、告げた。

「じつは山下さん、孫先生は北京にはいる前に、来日されます」

「ほう、日本に来られますか」

孫文の来日は入京を拒否されたとき以来、六年半ぶりである。

「船は昨日、上海を発ちました。神戸には二十四日に到着予定です」

「すると、神戸からは汽車ですか」

亀三郎は東京への旅程をたしかめた。

「オリエンタルホテルに一泊し、翌日の朝の汽車で東京へ向かい、夜はホテルで後藤先生と犬養先生にお会いになる予定です。それでつぎの日ですが……」

山田は緊張した表情で口ごもった。

「はて、なんでしょうな」

亀三郎はつづきをうながした。山田は思いも寄らないことをいった。

「朝、孫先生は秋山中将のお墓に参られ、それから中将の最期を看取られた山下さんにお会いし、秋山中将のことを山下さんからじきにお聞きしたい、と希望されています」

「この私にですか、孫文さんが会いに来られる?」

亀三郎は目を丸くし、すわりなおした。孫文はいまや国際的な人物である。

「はい。日本のもっとも親しい友人だった秋山中将のことを、山下さんと語り合いたい、というのが孫先生のねがいなのです」

と山田は面談の目的を説明した。こばむ理由はなかった。

「山田さん、あなたも同席されますか」

「はい、自分は神戸で孫先生をお迎えし、あとは北京までずっと同行します。したがって日本での通訳は、自分と秘書の戴天仇が担当することになります」

「わかりました。今月の二十六日、孫文さんはお二人の通訳をつれて拙宅へ来られる。午餐を用意しておきましょう」

「お引き受けくださり、御礼申し上げます」

山田はたちあがり、ふかぶかと頭をさげた。

孫文の一行二十名を乗せた日本郵船の上海丸は、予定どおり十一月二十四日の午後二時十分に神戸港桟橋に接岸した。港のあちこちに青天白日の標章である、青地に輝く旭《あさひ》の国民党旗が浜風にひるがえり、「東亜家族産婆来る」とか、「民国革命万歳」などの幟《のぼり》を手にした国民党員が孫文一行を出迎えた。大陸浪人でアジア主義者の萱野長知《かやのながとも》や犬養の側近の古島一雄など孫文の日本人支援者と記者団は船中にはいり、特別室で孫文に会った。記者会見のなかで、随員が孫文は神戸だけに四、五日滞在の見込みで、便船がありしだい天津へ出発する、と日程を発表した。

会見がすむと、孫文はすぐに山田を呼び寄せた。

「山田、日本政府から残念な通知がとどいたのだ」

孫文は顔をくもらせ、

「日本にはもう、共にアジアの平和と繁栄を語れる、桂太郎先生のような政治家はいなくなってしまったようだ」

と、ふたたび入京をこばまれたことを嘆いた。

「懸念していたことが現実になり、誠に申し訳ありません」

「山田が謝ることはない。犬養先生と後藤先生には東京へ行けなくなったことを電報で報せた。それで山田、秋山中将の親友の山下さんに事情をつたえて、こんど改めてお会いしましょう、と断わりをいれてくれ」

と、孫文はあきらめきれない様子で指示した。

日本政府はつれなかったが、オリエンタルホテルは孫文に面会をもとめる関西の政財界人でにぎわった。東京からは名代が何人か訪れたが、玄洋社の頭山満は自らホテルを訪ね、

「おお、しばらく、しばらく」

と孫文と堅い握手を交わしあった。

二十八日、孫文は各方面から懇願され、神戸高女の大講堂で「大亜細亜主義」と題した講演をした。通訳は戴天仇である。講堂につめかけたのはほとんどが知識階級の紳士だった。講演は三時間にもおよび、われるような拍手がなんどもおこった。中国服を身につけた孫文は覇道を求める西洋と道義を重視する東洋の歴史のちがいにふれ、それからおよそつぎのように話した。

――日本は条約改正により、アジアにおける唯一の名実ともに独立した国になった。日本が西洋の武力を使いこなしてロシアに勝ったことで、中近東諸国の独立運動がはじまり、インドもその機運が高まっている。西洋の民族文化は、覇道を基調とする物質文化であり、わがアジアの民族文化は王道を基調とする精神文化である。ひるがえれば、今から二千年より

五百年前までは、わが中国が世界一の国であって、今日の英国も当時のわが国の世界的な勢力に及ばなかった。当時、各国は中国の属国になっていたが、わが国は決して勢力で征服したのではなく、各国はわが中国文化に信服していた。

大亜細亜主義は、東西文化の衝突からはじまる。東洋文化は仁義、道徳を中心とし、西洋文化は物資と武力が核心となっている。大亜細亜主義は道徳中心文化を保持しなければならない。もちろん、われわれは西洋文化を学ばねばならないが、そのことによって得る武力は正当防衛につかうべきで、他国圧迫の手段とすべきではない。わが国四億の人口をはじめ、世界の人口の四分の一をしめているアジア民族は、かならずや仁義、道徳を中心とする文化をもって大団結をし、もって西洋に対抗すべきである。

いまや白人は団結して亜細亜を圧迫しつつあるが、これは正義、人道に反するものである。われらの大亜細亜主義は圧迫される亜細亜民族の団結により、全白人に対抗することをその信条とするのであるが、今日の西洋文明の国々は同じ国内のものに対し、また圧迫をつづけている。

今後日本が世界の文化に対し、西洋覇道の犬となるか、あるいは東洋王道の干城となるか、それは日本国民の慎重に考慮すべきことである。――

この講演内容は、各新聞社が何回にもわけて伝えたので、数多くの日本人が読んだ。ただし「西洋の覇道、東洋の王道」の部分は削除された。

十一月三十日、孫文一行は近海郵船の北嶺丸で神戸港を発ち、十二月四日に天津に着いた。

埠頭には二万人の市民が孫文を出迎えた。

孫文は日本租界の張園の宿舎で、高熱と激痛におそわれる。山田に要請された天津総領事の吉田茂が日本人医師を呼んだ。医師は、「肝臓癌にまちがいはない」と、病名を告げた。孫文の側近たちがぞくぞく天津に集まってきて連日、会議をひらいた。

十二月三十一日、孫文は特別列車で天津から北京に運ばれた。孫文を迎えるため三万人余りの市民が北京駅に集まってきた。ロックフェラー病院へ移された孫文は、ここでアメリカ人医師団から徹底した検査をうけた。肝臓癌はすでに末期にはいっていた。

孫文が息をひきとったのは、大正十四年三月十二日の早朝である。臨終には、宋慶齢夫人と子息の孫科、それに戴天仇など何人かの同志、山田純三郎、そして孫文の遺書を書いた汪《おう》兆銘《ちようめい》がたちあった。

日本では、犬養、頭山、萱野、それに宮崎龍助（亡き滔天の長男）が主催して五月九日、孫文の追悼会が芝の増上寺でもよおされた。中国からいったん帰国した山田は追悼会に出席した翌日、亀三郎の自宅を訪ねた。

亀三郎は山田に悔やみの言葉をのべ、

「神戸での講演内容は新聞でなんども読みました。これからは日本政府も孫さんの思いをしっかりうけとめるはずです」

と、追悼会に出席した加藤高明首相ら政府要人を評価した。

山田は左右に首を振り、

「孫先生が生きていれば……」

と、つぶやくと押し黙った。

日本政府はこのときになって、孫文が遺した国民党と向かいはじめていた。

分裂

亀三郎が中国への関心を高めていたころである。社内でも郵船がもっている上海航路への進出が検討されていた。そのようなおり、

「鈴木商店が資金繰りに苦しんでいる――」

そんな噂がながれはじめた。

事実、鈴木商店は海運問題からほころびが生じ、崩壊がはじまっていた。戦後の船腹過剰に対応するため、鈴木と川崎造船が中心になって設立した国際汽船は、用船料の大幅な下落で経営難におちいっていた。

そこで直吉は鈴木と川崎と国際汽船の三社で、鈴木商店を総代理店とする国際的な海運業「Kライン」を発足させ、大西洋を地盤とした航路開発に活路をもとめた。しかしイギリスの炭鉱ストなどで、欧州でも海運は低調になり、運賃市況は底を打った。Kラインを日本近海へ配船すれば、国内の海運は壊滅的なダメージをうける。Kラインは日本へ帰れず、欧州の不要な大船団になって大海原をさまようことになった。

さらに、直吉を青ざめさせる事態がおこった。

「本気で平和を口にしとりゃせん。かならず軍拡があるけに」

帝国海軍の戦艦八隻と巡洋艦八隻を根幹とする艦隊整備計画にともなう大口の軍需をあてにしていたところ、大正十一年二月のワシントン軍縮会議で海軍軍備制限条約が成立し、日本の軍拡計画は頓挫してしまった。このため、鈴木商店傘下の造船と製鋼部門はいっそうの苦境にあえぐことになった。

大戦後、木曽谷の電源開発にのりだしていた財界御意見番の福沢桃介はこれまで、「鈴木商店は、戦時中にも当たり、戦後の跡始末も旨《うま》くやり……着々成功した」と見ていたが、「ワシントンに於いて調印せられたる軍縮会議は、百雷の一斉落下、再び起つ能《あた》はざる大打撃を与えた」と、鈴木商店への見方を大きく変えることになる。

直吉はメインバンクである台湾銀行からの追加融資で、なんとか窮状をのりきろうとする。ところが翌年、関東大震災がおこり、鈴木はますます追いこまれてしまった。政府は経済界を救済するため、「震災手形割引損失補償令」を公布する。

「震災手形」というのは、東京・神奈川・千葉・埼玉・静岡の各府県の震災地を支払地とする手形、または震災地に震災当時営業所があったものを振出人または支払人とする手形で、震災以前に銀行が割引したものを指した。

政府は震災手形を日銀が再割引して現金に換えることで、市中の金融のながれをよくしようとした。またこの種の手形はこげつく可能性が高いので、政府は日銀の損失を一億円まで補てんする用意をした。震災手形を台銀に大量にひきうけてもらっている直吉は、これでなんとか苦境を脱した。

大正十四年末、台銀の鈴木への融資額は三億一千万円にもたっした。さらに翌十五年、鈴木傘下の日本製粉と日清製粉の合併がうまくゆかず、鈴木の資金難がふたたび明るみになった。窮した直吉は台銀に特別融資をあおいだ。

すると、好機到来とばかり、これまで鈴木の大躍進に頭をおさえられ、嫉妬と反感をいだいていた三井三菱などの財界が、「鈴木つぶし」へとうごきだした。とりわけ、三井のしめつけはきつかった。

「あれは、成り上がり者の仕事助平だ」

直吉をあざ嗤《わら》っていた三井銀行筆頭常務の池田成彬《しげあき》は、三井銀行をつかって台銀のコールマネー（短期貸借）を一気にひきあげさせた。台銀はこらえきれなくなり、鈴木への貸し出しを止めた。

「つぶされてなるものか」

直吉は、政界の要人とつぎつぎに会い、活路を見出そうとした。これまで、とくに同郷の浜口雄幸《おさち》や片岡直温《なおはる》にはそれなりの支援もしていた。首相になった若槻礼次郎や前蔵相で日銀総裁だった井上準之助とも親交がある。

しかし、かれらは鈴木の心配はするが政治的な動きをしようとはしなかった。直吉の政治家にたいするつきあいは、支援の額は常識的な相場にとどまり、宴席もさっぱりしている。「人たらし」の異名をとる亀三郎とは、ここが決定的に異なっていた。

頼む直吉も毅然としている。

「国がやらねばならぬことを鈴木がやってきた。わが国を債権国に押し上げたのも鈴木の力や。わが国に産業を興したのも鈴木やないか。その鈴木がいま傷ついちょる。融資が必要じゃ。国には鈴木を救う義理があるはずじゃ」

と、そんな自負が直吉にある。

一方、直吉の陳情とは別に、政府は金本位制へ復帰するため金解禁にむけた準備をはじめた。当然、市中銀行の財務内容を強化しなければならない。政府は銀行を苦しめている未決済の震災手形の処理を断行する法案の実現をめざした。この未決済額の約半分の一億円は台銀がかかえこみ、このうち鈴木関連が七千二百万円をしめていた。直吉は処理法案の成立にのぞみをかけた。

昭和二年三月初めの国会は、この法案を成立させるために市中銀行の負債状況を秘密会で明らかにしたが、台銀の金額の多さに委員会の一同はあぜんとなった。さらに、秘密会の内容が新聞にすっぱぬかれ、金融界は台銀の不良債権の大きさにふるえ、経済界は鈴木と台銀の癒着ぶりにおどろいた。

この国会において、鈴木が破産した場合、台銀も道づれになるのではないかという質問が大蔵大臣の片岡直温に向けられた。片岡は、

「台銀は国家の資本を基礎とした銀行ゆえ、鈴木商店がかりに破産しても、台銀になんら影響をおよぼすものではない」

と答弁し、政府は台銀にお墨付きを与えた。

台銀は鈴木に対する態度を一変させた。融資を完全に打ち切るだけではなく、鬼のように債権の取り立てを強行した。昭和二年四月、金融恐慌のさなか、鈴木商店はついに不渡手形をだし、倒産した。

ところで、震災手形の処理法案が国会で審議されていたころである。

亀三郎は宴席で、井上準之助から、

「暗がりで、壁にぶつかったようなものさ」

と一言、鈴木商店の内情をほのめかされた。

ただちに幹部役員会を招集した亀三郎は、井上の言葉の意味を問いかけた。鈴木が危ないことはみんな承知のことだった。

「それはもう、時間の問題でしょう」

だれかが発言すると、たがいにうなずきあった。営業部長の田中がすぐに念を押した。

「いつものことですが、荷為替証券なしの荷渡し（輸送）は引き受けないように願いたい。とくに鈴木からのものは断固拒絶して下さい」

向かいの席で常務の白城が、

「鈴木はにっちもさっちもいかんようだが、まだ手は上げてはおらん。断固拒絶というのはどうかな」

と、懸念した。田中は声をつよめた。

「営業部長としては、責務上、絶対困ります」

「君の立場はわかる。しかしな……」

白城はくちごもり、亀三郎を見た。亀三郎は大きくうなずき、

「よいか、もし鈴木が倒れたとき、山下は一文のひっかかりもなかった、といわれるのは、それこそ山下の恥だ。この際、鈴木が無証荷渡しをたのんできたら、どんどん引き受けたらええ」

と田中を諭した。まさに知識にまさる大人の智恵である。田中もすぐに意を察し、前言を撤回した。

鈴木の倒産は、山下汽船の社内にじわじわ心理的な亀裂をうむようになる。

昭和四年、海運界もかつてない不況のただ中にあった。山下汽船では社員に十分な給料が払えず、亀三郎は書画骨董を売りさばいて金をつくった。田中が東京の幹部会議にでると、

「借金が二千万円にまでふくらんだ」

経理部長の福本貞喜が眉間にしわをよせ、暗に亀三郎が会社のために私財をなげだしたことを美化し、人員整理と用船料の値引き、それに経費のさらなる縮減を求めた。

（これでは、商店のどんぶり勘定ではないか）

と、田中は腑《ふ》に落ちない。

神戸に帰って、前近代的な経営に批判的な若い仲間があつまり、経理を調べてみると、不況とはいえ海運部門だけは四百万円の黒字である。海運でもうけた金は亀三郎が手をつけて

いる鉱山、木材、保険などの事業に食われていた。いくら海運でかせいでもこれらが赤字だから、山下汽船全体としては借金をかかえることになる。

「汽船会社を独立採算制とし、オペレーター部門を切り離し、さらに資本と経営を分離して再出発するほかにみちはない」

田中は集まった仲間に主張した。みんなも意見は同じである。

しばらく様子をうかがっていると、納得のいかないことが二件、立てつづけにおこった。

ひとつは、亀三郎が浅野総一郎と共同で一千万円出資し、尼崎築港株式会社を設立したことだった。西は武庫川から東は神崎川にいたる五十万坪の公有水面を埋め立て、一万トン級の船舶が横付けできる埠頭をつくるというのである。この壮大な計画への世間の期待はたかく、亀三郎の世評はうなぎのぼりである。

さらにこれに気をよくしたのか、亀三郎は南満州鉄道の支援をえて、阪神間の西宮に工業団地を造成するため、阪神築港株式会社をつくった。資本金はこれも一千万円である。

「おやじさんが世間に顔出しするにはいいが、内部は火の車だ」

田中と仲間の社員たちは、いっきに不満がたまった。

社用で神戸にやってきた専務の畑茂や、大阪商船から招いていた相談役の村田省蔵、それに常務で大黒柱の白城定一までが田中に、

「このころ、おやじさんがどうもおかしい」

と、こぼして帰るようになった。

田中は亀三郎が期待している東京商科大学出の辻釥吉《しょうきち》にも声をかけ、会社を立て直すための勉強会を開いた。

「土地に手をだす金などないはずだ。本業である船屋として精進するなら、そこには自ずと活きる道もある。このような時勢に他の事業に手をだして、それで失敗すれば、それこそ世間のもの笑いではないか。ともに苦労をしてきた海陸の従業員になんと詫びればよいか、申し訳なく言葉も浮かばない」

というのが、集まった仲間たちの意見であった。

意見が聞き入れられない場合、亀三郎のもとを離れよう、と田中が決心したのは昭和五年の新春、田中の仕事上の師匠格でもあった白城が衆議院選挙への立候補を表明したときだった。二月二十日の総選挙で白城は敗北した。白城は役員の肩書だけのこして退社し、つぎの選挙にむけた準備にはいった。いっぽう、田中を中心とする若手グループの不穏なうごきを、亀三郎は見過ごすことができなくなってきた。

七月初旬、高輪の亀三郎の私邸でこの件に関して役員会があった。

田中は若手グループを代表して意見を述べたが、しりぞけられ、福本が主張する人員整理などの案で経営の立て直しをすることになった。田中は腹をきめ、独立を支援する海運会社との協議にはいった。

翌八月二十九日の早朝、上京した田中は亀三郎の私邸を訪ねた。

「やぁやぁ、しばらく、しばらく」

と、応接間にあらわれた亀三郎も濃紺のスーツに臙脂《えんじ》色のネクタイをつけていた。田中は胸のポケットから紫色の小風呂敷をとりだし、テーブルの上でひらくと、

「ながながと、お世話になりました」

辞表のはいった封筒を亀三郎の面前に差しだした。

「まあ、話を聞こうじゃないか」

亀三郎はソファにすわるようにうながした。受け取った封筒をテーブルにおき、

「君の気持ちはわかっているつもりだ」

田中の肩をなでるようにいった。

「それは、恐縮です」

田中は応え、別に用意した退任意見書を出すかどうか、少し迷ったが、出さないことにした。出せば口説かれ、話がながくなる。

亀三郎は、船屋は港湾の整備もせにゃならん、と尼崎築港のことを釈明し、阪神築港の件で南満州鉄道と組んだのは満州の将来をみすえてのことだ、とこれまで役員会で話したことをくりかえした。そして一呼吸おくと慰留した。

「取締役として、とどまってくれないか」

「ありがとうございます。しかし……」

しばらく、互いに顔を見合っていた。亀三郎はおだやかな顔だった。封筒から辞表をとりだし、一瞥《いちべつ》すると、

「長い間ご苦労だった。これから手助けできることがあったら、遠慮なくいってくれ」

とさばさばした表情でいうと、窓の外へ視線をそらした。田中が帰ると、亀三郎はすぐ神戸に電話をいれた。福本をよびだしたが声はかすかにふるえていた。

「いま、田中が辞表をだした。これから松尾（取締役）と清水（東京支店長）、それに芝沼（横浜出張所長）をよぶつもりだが、そっちのほうでも若い者が動揺しないよう、しっかり押さえてくれ。田中のあとは太郎にやってもらうが、そちらに辻が残って太郎をささえてくれたら大丈夫だ。まさか、辻が出ることはないだろうが、君のほうからも辻をよんで、話しておいてくれ」

昼前によびだされた三人が高輪の私邸にやってきた。みんな残暑のなか、きちんとスーツを身につけていた。

「君たちも、そうか」

「長い間、考えていましたが、やはり田中部長の意見が正しい、と思っております。それで、辞めさせてもらいます」

三人を代表して松尾がいった。

「それは、困る」

「決めて、ここに参りました」

「同調者はほかにいるのか？」

「はい、何人かは……」

「だれだ、名前を明かしてくれ」

「名前とおっしゃられても、全部で二十三名になります」

「二十三名！」

亀三郎は唖然とした。これはもう分裂である。

「まさか、辻はちがうだろうな」

「それは、私のほうから答えられません」

「ちがうのだな」

「さあ、……」

松尾が口ごもっていると、秘書が神戸から電話だ、と告げた。

福本が電話の奥でくぐもった声をだした。

「辻を社長室によんで、君は残るだろうね。田中ひとり出てゆくだけでも大変な影響がある。ぼくらはお互い学校をでて、ずっと山下のメシを食ってきた仲だ。もし、君が田中について出てゆくようなことがあれば、あとにつづく者がでるかもしれん。残って、山下をしっかり守ってくれ、といいました」

「そうか、それはご苦労だった。辻が残ってくれたら、なんとかなる」

亀三郎は額にふきでる汗を手拭いでぬぐった。

「それが、社長……」

福本が息をとめるのが伝わってきた。

「まさか、辞めたのではなかろうな」

「実は、自分は独立会社の計画者のひとりだと辻は涙を浮かべ、いま辞表をさしだしたところです」

「なんだと、辻もか！」

亀三郎は大声をあげた。そばに、辻がいるのか、と訊くと、いる、と福本は応えた。すぐに電話を代わってもらった。ひと呼吸をおくと、亀三郎は声をやわらげた。

「君が計画者のひとりとして独立を立案したのか」

「はい、いろいろお世話になりました」

「そうか。だったらこれはもう仕方がない。あとはフェアプレイでやろう。これで袂を分かったとは思わず、いつでも遊びにきてくれ。困ったことがあれば手伝う」

と、亀三郎は目をかけてきた辻に声をかけていた。

四ヵ月後の十二月二十四日、田中を中心とする山下脱退組は太洋海運から切り離された運行部門との間で、オペレーターを専門とする新会社を設立した。この間、亀三郎は白城に命じて、神戸の一角のビルに活動拠点をかまえた田中たちのところへ、多額の現金をくるんだ新聞紙を持参させたことがあった。

「みんなは、辞退しましたよ」

白城が報告すると、

「そうか、見応えのある連中だ」

亀三郎はいかにも悔しそうにいった。

汪兆銘

昭和七年の晩春だった。

「秋山中将を偲び、一献さしあげたい」

亀三郎は加藤寛治《ひろはる》海軍大将を木挽町の小料理屋にさそった。加藤は秋山真之を敬愛している。亀三郎が大正九年に欧米を回ったとき、ニューヨークのホテルで、同行していた海軍中将がヨーロッパ戦跡を視察して帰国中の加藤を紹介してくれたのだが、そのとき、亀三郎が真之と兄弟以上の仲だったと知り、親交がはじまった。以来、年に一度、亀三郎は下関から取り寄せた河豚《ふぐ》で、河豚会をひらいてもてなしている。

三年前の十二月、加藤がロンドン軍縮会議にでかける直前にも、この恒例の河豚会を壮行会もかねてもよおした。まねいたのは軍令部長だった加藤と、とりまきの海軍将校たちである。

あいさつのなかで、

「山下君、君は軍縮をやるつもりか」

加藤が亀三郎をにらんだ。

「はて、軍縮とはなんのことですか」

亀三郎が問い返し、座はにわかに緊張した。

「われわれ海軍の幹部に河豚を食わせて、今晩、みんなばっさり逝《い》ってしまったら、艦隊を堅持しようとするわれわれはお先真っ暗になるから、これすなわち軍縮ではないか」

加藤は笑いにくいロジックで笑いを誘った。

「なるほど」と、みんなは腹を抱えて笑ったが、亀三郎だけは真顔でやり返した。

「私の差し上げる、生きた河豚料理は軍縮どころじゃあない。これで大いに精がつきます。だから大いなる海軍拡張なのだ。加藤軍令部長さんは今晩たっぷりつけた精をヨーロッパにまでもっていかれて、昼夜を問わず、おおいに軍拡にお励みいただきたい」

「おお、そうか、なるほど。それじゃあ、おおいに馳走になるぞ」

と加藤が素直に応じ、座はもりあがった。

しかし、ロンドンでの海軍軍縮会議は加藤の思うようにはならず、条約の批准に反対して、加藤は昭和五年六月に軍令部長を辞めた。

河豚会はつづいていたが、この日は懐石である。亀三郎は太郎を同席させた。加藤大将はひとりだった。

柳条湖《りゅうじょうこ》事件からおよそ半年、中国東北部を制圧した関東軍が満州国をつくったばかりである。中国国内では抗日のうごきが強まっていた。中国共産党は日本の侵略を批判し対日抗戦のかまえである。孫文の後継者のひとりの汪兆銘は「一面抵抗、一面交渉」を主張し、長い目で、日本と互角にわたりあえる国づくりをめざそう、と国民によびかける。同じく軍人の蔣介石は、まだ抗日にはふみきらず、汪兆銘の交渉能力に期待をよせていた。

（支那は、これからどうなるのか）

亀三郎はこの席で、真之が孫文と親交が深く、革命を支援していたことを話題にあげた。

当時、外務省の小池部屋は陸海軍を問わず、孫文を支援する将校たちの拠点になっていたが、ここに出入りしていた田中義一参謀次長を介して、亀三郎は軍縮で名をはせた宇垣一成《うがきかずしげ》中将とも懇意になった。宇垣はその後、三つの内閣で陸軍大臣を歴任し、朝鮮総督もしたが、そのつど、亀三郎が祝宴をはるなどして親密な交流がつづいている。

そしていま、孫文のよき理解者で革命に協力的だった犬養毅は、首相の座にあった。犬養は海軍の軍縮には賛成で、かつ中国大陸になお野心をもつ陸軍の侵略的な軍事行動には反対だ、と亀三郎は心得ている。

「犬養さんには、期待がもてますね」

亀三郎は日中の和平をのぞむ思いを口にした。

というのも先日、徳富蘇峰と宴席をもったおり、蘇峰は文人政治家の汪兆銘と犬養なら十分に話し合うことができる、とふたりに期待を寄せていた。汪兆銘は日露戦争のはじまった年に日本へ留学し、孫文が東京でつくった中国同盟会の幹部だったので、犬養は汪兆銘が法政大学の学生だったころ、すでに面識があったかもしれん、と蘇峰は推測していた。それで亀三郎は軍人ではないふたりが、和平をめざして話し合うことに期待していたのである。戦争はもうけるチャンスなのだが、どんな理由であれ、昭和のこの時代に戦乱を求める気などさらさらない。

かつて軍拡でならした加藤は渋い顔で、

「海軍はいうまでもないが、犬養が満州国の承認にひどく慎重なので、陸軍にも犬養をぶった斬《ぎ》ってやる、と息まいている連中がおる」

と、ぶっそうなことをいった。

「むろん、あなたはちがうでしょうな」

「おれは大人だぞ。犬養ひとりで国が動くわけでもあるまい」

「なるほど、それは支那も同じですな。孫文ではないが、いまだ革命ならずですよ」

亀三郎が蔣介石や汪兆銘のことに話題をふろうとすると、

「支那は混沌、よくわからん。しかしなあ、山下君」

加藤は上体を前にのりだし、

「臥薪嘗胆のドイツがいつまでもじっとしているとはとても思えん。あと七、八年もすればふたたび世界的な大戦争があるぞ。船屋の君は、いかなるやりくりをしても、これから船をたくさん造り、ぼろ船でもよいから買い集めておけばよい」

と世界大戦を予言し、それにそなえるようにいった。

まさか戦争などあるまい、と亀三郎は聞き流していた。しかし二ヵ月後、犬養首相が海軍将校の手で暗殺された。組閣の大命が下ったのは、海軍大臣の経歴がある予備役の斎藤実だった。

亀三郎は日露戦争のとき、御用船のことで斎藤の世話になっている。斎藤は頭のかたい軍人ではないが、政党人の犬養とはしょせん、よって立つところが異なっている。

（これからは軍部の力が、ますます強まってゆく）

という思いが亀三郎の脳裏をよぎった。加藤がいったことに耳を傾けざるをえなかった。中古船を輸入することで保有船舶を拡大してきた亀三郎は、船舶需要の増大をみこして安い輸入中古船をこれまでにもまして大量に確保する経営にきりかえた。

おりしも加藤寛治大将へ一献をかたむけた昭和七年から、軍需品輸送は年ごとに増大しはじめる。輸入中古船を大量に保有していた山下汽船は、安い用船料の中古船で荷をはこび、運賃の高騰で高収益をあげるようになった。決算は昭和九年から一転し、黒字へと様変わりした。

中国大陸を重視していた亀三郎の経営戦略は、満州事変から日中戦争へと戦域が拡大するにしたがい、軍需にささえられて巨大な儲けをうむ。盧溝橋《ろこうきょう》事件が勃発し、南京が陥落した昭和十二年度、山下汽船の営業利益は七百七十万円に急伸し、太平洋戦争に突入した昭和十六年度には年間総収入額九千三百万円、営業利益は千七百万円にたっした。かくして十五年におよぶ戦争は、はからずも山下汽船を社外船オペレーターのなかで最大規模の海運業者へと成長させるのである。

ところで、蔣介石がひきいる中国の国民政府の動向である。

盧溝橋事件後の停戦にむけた話し合いが不調におわり、日中が全面戦争に突入して三ヵ月後の昭和十二年十一月二十日、日本軍が南京にせまるなか、国民政府は首都を南京から重慶へうつした。和平の道をさぐっていた汪兆銘も蔣介石のあとをおって重慶にはいる。

戦闘で優位にたつ日本政府は、ドイツ政府による和平のあっせんを中止し、昭和十三年一月十四日、

「（前略）然《しか》るに国民政府は帝国政府（筆者注・日本）の真意を解せず、漫《みだ》りに抗戦を策し、内人民塗炭《とたん》の苦しみを察せず、外東亜全局の和平を顧みる所なし。仍《よっ》て帝国政府は爾後国民政府を対手《あいて》とせず……」

と、国民政府の存在を否定する声明をだした。さらにこのなかで近衛文麿《このえふみまろ》首相は、「帝国と真に提携するに足る新興支那政権の成立を期待し」と述べ、蔣介石が実権をにぎる国民政府にとってかわる新しい政権がうまれることを望んだ。

四ヵ月後の昭和十三年五月下旬のことである。亀三郎に思ってもみない大役がもちこまれた。

元老西園寺公望《さいおんじきんもち》の秘書の原田熊雄が亀三郎の私邸を訪れ、

「宇垣一成大将にひとつ、おねがいごとがございまして」

と頭をさげたのである。

聞けば、国民政府との交渉に行き詰まっている近衛首相は、広田弘毅《こうき》外務大臣を宇垣一成に交替させることで、局面の打開をはかることにし、元老の西園寺もこの人事に賛成した。

ただ、これまでなんども総理候補にあがりながら、陸軍の反対でなれなかった宇垣に、だれが話をもってゆくかで意見がわかれた。すでに何人か、宇垣邸におもむいたが、断わられて

いた。そこで西園寺が宇垣と山下の仲について政府筋から手に入れた情報にもとづき、

「山下亀三郎にかわる人物はいない」

と白羽の矢をあてた、というのである。

宇垣はもし国民政府に蔣介石以外の政権ができたなら、ぜひ話し合いをすべきだ、と主張している和平派である。

「私のような者では、宇垣大将は聞く耳をもちますまい」

亀三郎は二の足を踏んだ。

「国運がかかっております」

原田は両手をあわせ、宇垣を「うん」といわせる人物は山下亀三郎しかいない、となんども拝んだ。窓の外には太郎があげた鯉のぼりが泳いでいた。

翌日、亀三郎は水垢離《みずごり》をし、近くの神社に詣《もう》でた。四谷の宇垣邸へゆくと、

「やあ、とうとうこの話に君が来ることになったか」

と、宇垣は目を丸くした。いろいろ花町の話をとりとめもなくしたあと、

「いま、事変を終結させ、東亜の平和を実現できるのは、宇垣大将、あなたしかいない」

亀三郎は本気でもちあげた。宇垣はすっかり白くなった口ひげをなでながら、

「よろしい。ひきうけるが、陸軍次官はどうしても東條英機でなければならない。この意を伝えてくれ」

と、注文をつけた。秘書の原田をへて、近衛に回答が伝えられた。このとき、総理官邸に

いた近衛の親友で文部大臣の木戸幸一は二度三度、

「承諾はまちがいないか」

と原田に強く念をおした。政府としては、宇垣の起用に期するところ大であったのである。

宇垣外務大臣はさっそく、蔣介石の義兄弟にあたる国民政府行政院長の孔祥熙《こうしょうき》との交渉にはいったが、双方のへだたりは大きく、話し合いは予想どおり難航した。いっぽう、政府のこの表向きのうごきとは別に、陸軍参謀本部は和平工作をひそかにすすめていた。また蔣介石も表に徹底抗戦を叫びながらも、裏では和平への道をさぐっていたのである。

七月五日、人知れず来日した国民政府外交部アジア局長の高宗武《こうそうぶ》は、横浜に着くと迎えの車にのせられ、参謀本部が用意した木挽町の宿舎にはいった。高宗武を待っていたのは、参謀本部から陸軍省軍務局軍務課長に異動していた影佐《かげさ》禎昭《さだあき》大佐である。日本政府は内々に和平交渉をする相手として、蔣介石にかわる人物をもとめており、その回答をもって高宗武は来日したのだった。

九州帝大で学び、東京帝大に学士入学した経歴のある高宗武は、

「蔣氏以外の人となればですね、それはもう汪兆銘氏をおいて、他に求めがたいのです。汪氏はかねてからすみやかに中日問題を解決する必要を痛感し、ずっと和平論をとなえています。中国と日本は戦ってはならない、という孫文先生の訓《おし》えを忠実に守っているのは汪氏ですから」

と、流暢な日本語であかした。汪兆銘なら申し分のない相手だった。

このとき汪兆銘は中国国民党副総裁、国防最高会議副主席、中央政治会議主席など、かずかずの要職をしめており、蔣介石とならぶ地位にあった。日本政府も本腰をいれて交渉ができる人物である。ただ、和平交渉をはじめた場合、国民政府の内部で汪兆銘の主張が受け入れられるかどうか、おおいに懸念がある。影佐がこのことを率直にただすと、高宗武は日本政府内でひそかにもくろんでいたことを、あっさりいった。

「汪氏は蔣氏の重慶政府から外にでて、外部から和平の国民運動を展開し、蔣氏が和平に耳を傾けるようにしてゆく。これが最良の方策です」

「重慶の国民政府から汪兆銘さんが出る？」

「そうです。ただそれは汪氏が政権をはなれる、という意味ではありませんよ。和平の運動を広州、香港、上海、そして南京などで高めてゆくためです」

「和平は望むところだが、事実上、汪兆銘さんは、蔣介石と袂《たもと》を分かつことになりませんか。本当に重慶から出ることはできますか」

「日本政府がはっきりと和平を呼びかければ、汪氏は動きます」

「確かですか」

「はい、近衛総理は責任をもって呼びかけてほしいのです」

と、高宗武は要望した。

この会談から数日後、影佐は高宗武を近衛首相と板垣征四郎陸軍大臣のところへつれていった。高宗武はこのふたりから、日本政府としては汪兆銘の和平運動に期待する、とする言質《げんち》をとって帰国した。

八月中旬、影佐は日支両国が互恵平等原則による提携協力を求めてゆくための根本条件案を作成した。この影佐案と、国民政府筋から出された案とをつきあわせ、手を加えたものが、最終的に大本営会議に提出され、最高方針として決定した。

十一月三日、近衛首相は国民政府にたいして、これまでの政策をすっかり変え、かつ人事を新たにすれば、「対手《あいて》にしない」わけではない、という声明をだした。さっそく影佐は和平工作にたずさわってきた仲間と上海へとび、高宗武ら国民政府側と具体的な交渉にはいり、「日華協議記録」を作成し、和平への道筋をひらいた。この協議記録をもとに、日本政府は十一月三十日、「日華新関係調整方針」を御前会議で可決した。

いっぽう、蔣介石にたいして和平にふみきるべきだ、と説きつづけていた汪兆銘の立場は日ごとに苦しくなっていた。水面下の和平交渉とは別に、蔣介石は鋼のような意志で徹底抗戦をつらぬこうとしていた。汪兆銘にはもはや重慶にとどまる理由はなくなっていた。

重慶を出て和平活動をすることについて、日本政府の支持はとりつけてある。十二月十八日、蔣介石が西安へ出向いた留守をみはからい、

〈君は安易な道をゆけ、われは苦難の道をゆく〉

の言葉で結んだ手紙を蔣介石宛にのこすと、妻の陳壁君《ちんへきくん》、秘書の曾仲鳴《そちゆうめい》とともに飛行機で重慶を脱出した。三人はいったん昆明へはいって、先に脱出していた腹心たちと一緒になった。そして翌日、一行はチャーターした飛行機でハノイへ飛んだ。トンキン・デルタにある

避暑地のホテルにはいったのは、重慶脱出から三日後の二十一日だった。

当初、ハノイへのがれた汪兆銘にたいして、蔣介石はきわめて慎重に対応しようとした。しかし汪兆銘が和平建国をよびかける電報を新聞に公表し、中国各地の同志に立ち上がることをもとめると、昭和十四年一月一日、蔣介石は汪兆銘のもつすべての公職を剝奪《はくだつ》し、国民党から永久追放した。

それから間もなく、香港に拠点をおいて活動をしていた和平派の同志がつぎつぎと暴漢におそわれる事件がおこった。さらに、重慶からの暗殺団と思われる十数名の不審者が、避暑地のホテルの周辺をうろつきはじめた。汪兆銘はハノイ市内へのがれ、二階建ての家を一軒借りて、仏印当局へ警護を依頼するとともに私設の護衛もつけ、家族と秘書の曾仲鳴夫妻で住むことにした。

恐れていた悲劇が、三月二十一日の深夜におこった。

四人の暴漢が曾仲鳴夫妻の寝ている部屋に乱入し、ピストルを乱射したのである。妻は命をとりとめたが、曾仲鳴は運ばれた陸軍病院で絶命した。汪兆銘の身に、あきらかな危険がせまっていた。これ以上、ハノイに留まっているわけにはいかない。側近は日本政府へ汪兆銘の救出を要請した。

近衛文麿のあとをついで首相になった平沼騏一郎《きいちろう》は、すぐ五相会議をひらき、影佐大佐に汪兆銘の救出を命じた。影佐は犬養毅の子息で代議士の犬養健《たける》など三名の同行者を選び、準備にはいった。

救出用の船をどうするか——。無任所として閣内にのこっていた近衛に相談すると、すぐその場で山下亀三郎の名前があがった。さっそく原田を介して電話をいれた。

「お急ぎですな」

あいさつもそこそこに亀三郎はいった。出向いて、直接用件を伝えたいと影佐がいうと、

「事情はよく承知しています。北光丸という船を手配しました。船長は目をつむっていても、あの辺りの航海ができるベテランです」

と亀三郎は応えた。北光丸は五千三百総トンの貨物船で、ふだんは仏領インドシナと九州を結ぶ石炭輸送にあたっている。

「いま、どこでしょうか？」

影佐はその北光丸の係留先を訊いた。

「福岡の大牟田港に待機させております」

「出港できますか」

「もちろんですよ。船長以下、乗組員には、陸軍にチャーターされたので、すべて指示に従うよう、厳命しております」

「なにからなにまで、感謝申し上げます」

打てば響くとは、このことである。影佐は山下亀三郎という人物の察しの早さと、過不足のない機敏な行動に驚いた。

「成功を祈ります。あなたが大役を果たされたら、ぜひ、ご一献傾けましょう」

というと、亀三郎は電話を切った。

北光丸が大牟田港をそっと出港したのは、四月六日の深夜だった。十日後の十六日夕刻、北光丸はハイフォンに着いた。翌日、影佐と犬養、それに別ルートで先にハノイへ来ていた外務省書記官の三人は、隠れ家で汪兆銘に会い、希望の行き先が上海であることを知った。ハノイ出発のため、影佐は綿密な打ち合わせをした。

汪兆銘は日本の船でハノイを出たことが世間に知れると、和平運動に支障をきたすおそれがあるので、自らチャーターした小型のフランス籍の貨物船フォーレンハーフェン号でハイフォン港を出発し、はるか沖合の無人島付近でおちあうことを希望し、影佐もこれを受け入れた。フォーレンハーフェン号を見失うという失態はあったものの、二十九日、ハノイを脱出した汪兆銘一行は無事、北光丸に乗り移ってきた。そして上海へむかう船のなかで、汪兆銘は影佐や犬養に、日本政府の支援をえて、和平政府を樹立したい、とうちあけた。

五月八日に上海に上陸した汪兆銘は幹部をあつめ、重慶から南京へ「遷都」というかたちで新しい政権を樹立したいので、この話し合いのため東京へゆきたい、と語り同意をとりつけた。

日本の海軍機で極秘に来日した汪兆銘の一行は、六月のはじめから二十日間ほど東京に滞在し、平沼首相をはじめ政府の要人と会談した。この間、一行の案内と接待役をつとめたのは影佐や犬養たちである。

汪兆銘の帰国が数日後にせまったある夕刻、亀三郎は影佐を築地の「新喜楽」に招き労をねぎらった。

「いまだ革命ならず」の名文句で知られる孫文の遺言を書き、孫文の訓えを忠実にまもって、いま和平政府を樹立しようとしている汪兆銘に亀三郎はつよく魅かれるものがあった。真之が生きておれば、きっとこの文人政治家と親交をもち、支援をおしまなかったであろう。

影佐は亀三郎のそんな思いをくみとったのか、汪兆銘と北光丸の船中で話し合ったことを語り、

「汪先生の行動は、ひとえに支那を愛し、東亜を愛する赤誠に出《い》でたるものです」

と汪兆銘を褒めたたえた。

「これから南京に汪政権が誕生すれば、重慶政府と対立しますな」

と亀三郎は心配した。

「将来、重慶政府が南京政府に合流すれば、汪先生は自分の使命は終わるので、下野する、といっておられます」

影佐はそのときを確信しているかのようにいった。

汪兆銘の一行は、芝浦から北光丸で帰路についた。同行した影佐を介して、亀三郎は北光丸の銀製の模型を汪兆銘に贈った。模型といっても長さが二メートルちかくもあり、もちろん空船ではなく、なかには荷がぎっしりつまっていた。

真之の志

亀三郎がご進講をたまわったのは、昭和十八年九月三日である。午前九時に参内し、十時からちょうど一時間、海運の現状並びにその増強策について、天皇に申し上げる栄によくした。

太平洋をめぐる戦局は厳しさを増し、数多くの船舶と艦艇が沈み、日本の勢力範囲は日ごとにせばめられていた。亀三郎は日本の海運力の主体をなしている一杯船主たちが、内海航路の確保のため大変な苦労をしいられていること、また徴用され、海外へ軍事物資を運ぶ民間船の船員たちが多くの危険にさらされつつも、報国の念に燃えて苦闘と忍耐をつづけていること、そして南洋の島々に沈んだ船の引き上げをますます拡大すべきであることなどを奏上した。

山下汽船も陸軍の要請をうけ、ビルマのイラワジ河の水運の復旧と運営にたずさわり、また沈没や遭難した船舶の引きあげと援助、さらに解撤を行なうための海事会社を設立している。

天皇がうなずかれるたびに、

「おおそうか、亀三郎、よく判るぞ」

とその心持が言葉になって聞こえてくる気がして、亀三郎は感極まりなんども目頭を熱くした。さらに、

「船員の家族の心配は、ひとしおであろう」

とねぎらいの言葉をたまわり、赤子の思いに身をふるわせたのだった。

ご進講が無事に終わり、侍従長にみちびかれて宮殿の外へでると、車寄せまで一列にならんだ職員が引き波のように頭をさげ、亀三郎を見送ってくれた。

乗り込んだ自動車は、なだらかな坂道をすべるように下り宮城の外へでた。濠《ほり》から広場へ視線をあげると、松林の上空に広がる見なれた青空が気高く美しかった。気持ちが高揚しているためなのか、菊の季節にはまだまだはやいのだが、どこもかしこも菊の花のかぐわしい香りにつつまれている気がした。

ついいましがた、天顔を拝してご進講をかたじけなくし、かつ御下問をたまわったことが、一炊《いっすい》の夢であったかのように感じられ、亀三郎は陶然とした気分のなかにひたっていた。すると脳裏に、かつて郷里の岬の丘から日振島をながめた日のことが浮かびあがってきた。その岬で、藤原純友のことを吉次郎と語り合い、純友のように野人として京にのぼる、と大言壮語して、はや六十年をこえる月日がながれている。亀三郎よりもいっそう野人らしく生き、晩年は代議士になり、五・一五事件直後の国会で、「国軍の粛正」を叫んで荒木貞夫陸軍大臣を糺《ただ》し、天下に名を高めた清家吉次郎は、それから二年後の昭和九年二月に他界していた。

齢六十をこえたときから、春秋二回の里帰りを恒例にしていたが、昭和十三年の晩秋、吉次郎が眠る墓に焼香したあと、亀三郎は宇和島から船をしたてて日振島へわたったことがあった。

太平洋へとひらけた宇和海の海は蒼黒く、島にうちよせる白波は磯に砕け、海の咆哮のような飛沫をあげていた。人間の痕跡をなにもかももぎとったかのような島だった。亀三郎は純友の籠居の跡という丘に案内されたとき、胸の内にわきあがった思いを一文に草した。丘の上に、表を都のほうへむけた天然石を建て、一文を刻むことにした。

昭和十三年十一月　予偶々《たまたま》少閑を得て帰郷し　親しく茲《ここ》に藤原純友の遺跡を訪《おと》ない
遥かに思いを千有余年の古きに馳す
その賊名を免ること能《あた》わざりしを喜ばざるは論なしといえど　扁舟をひきい　活躍したる剛壮敢為の行動　海国男子としてえらい男だという感じまた稍々《しようしよう》起らざるを得ない　すなわち一碑を建立し記念とす
昭和十四年五月　　　　　　　　　　　　　　　　山下亀三郎

（淳さん、とうとうアメリカと戦をしてしもうたぞな）
ふと、真之に詫びたい思いがつきあがり、その思いに向き合うかのように、亀三郎はながれゆく車窓の景色に目をとめた。足早に行き交う人々の表情は暗い。街はいよいよ戦時色を強めている。アメリカとは絶対戦ってはならん、と真之は口酸っぱくいっていたが、そのアメリカと無謀な戦をはじめ、いま、開戦当初とはまるで異なる光景だった。

亀三郎は金子直吉が高輪の私邸を訪ねてきたときのことを思い出した。日本中が真珠湾攻撃の大勝利でわきたっていたときである。

破産後、直吉はなんとかふんばり、鈴木家のために小規模ながら十七の企業を擁する持株会社をのこしていたが、元気を回復するにつれ、意欲をとりもどし、

「神戸の鈴木はわしがつぶした。復興させなければ断じて死ねん。以前の鈴木になったところを見届けて、わしは死ぬ」

と、口をひらけば鈴木商店の再興を誓っていたが、このときも亀三郎に力を貸してくれ、と頼みにきたのだった。

直吉が相談にきた事業は、有力な支援者もついていて、計画も綿密でしっかりしていた。

(直吉さんなら成功させるだろう)

と亀三郎は判断した。しかし、

「お互い、もう六年もたてば、八十になる。それにいまはなによりアメリカと戦争をはじめたばかりではないか」

亀三郎はやんわり断わった。直吉は秘書から注射器をとりあげ、鼻孔にコカインを噴射し、

「鈴木をつぶしたのはわしだ。責任はわしにある。山下さん、このことだけはあんたもしっかり知っとってくれ」

と哀訴するかのようにいい、

「アメリカに勝った、勝ったと世間はうかれちょるが、真珠湾の勝利は蠅が象の背にとまっ

たようなもんじゃ。象がたちあがれば、たちまちこっぱみじんにふみつぶされる」

と大戦果に冷や水をあびせ、日本の敗戦を予言した。国力に格段の差があるアメリカ相手では、勝ち目などまったくないという。亀三郎にしても、軍は無謀な戦争をはじめたものだ、とにがにがしく思っていた。それゆえ、

「政治家や官僚ではなく、金子さん、あなたがアメリカと交渉していれば、戦にならずにすんだかもしれませんな」

と、亀三郎は直吉をもちあげたものである。

かつて日本の産業界をおいつめた、アメリカによる造船用鉄材の禁輸問題を解決したのは、ほかならぬ直吉の見識と智恵であった。財界人が交渉にあたれば、日本が所有する海外資産の凍結や経済封鎖などアメリカの圧力を交渉で解決できたかもしれなかったのである。

また松永安左衛門は、「電力王」とよばれるようになった福沢桃介の没後、桃介の事業をひきつぎ、日本の工業地帯のほとんどの電力源をにぎり、「電力の鬼」と称される大立て者になっていた。しかし戦時体制下で、電力国家管理法が成立し電力業界の挙国一致体制ができあがると、手足をもぎとられ活躍の場所を失ってしまう。このころ、亀三郎はなんどか安左衛門と会食したことがあったが、そのつど、

「日本の官僚は人間のクズだ」

と、安左衛門は軍部のいいなりになる官僚を唾棄《だき》したものである。

直吉や安左衛門のことを思い浮かべるにつれ、もうすこしでも政治家や官僚が優秀であっ

たなら、満州事変からつづくこの一連の戦いは、きっと避けることができた、と思えてならないのだった。

ご進講から二ヵ月後の十一月初旬、亀三郎は恒例の里帰りをし、筋の別荘でしばらく療養した。二年前に患った右肺尖《せん》カタルが完治してなかった。吉次郎たちと磯や砂浜で遊んだ亀三郎も、いまやすっかり老境である。入り江の海と紅葉に染まりはじめた山々の澄んだ風光のなかにいると、ふだんから仏も神も信じてはいないのに、人間をこえたものの存在に思いをはせることが多くなった。

真之は日本海海戦の大勝利を、人知や砲術の巧拙をこえた皇軍の天佑と神助があったからだといい、晩年、宗教の道へはいっていったが、それもわからないではない、と亀三郎は思うのだった。

亀三郎を実業の世界へと手引きをし、自らは深い信仰のはてに神に帰依した村井保固《やすかた》は、吉次郎の死から二年後の昭和十一年二月に神に召されていた。齢《よわい》を重ねるにつれ、保固は郷土郷党への思いをいっそう強くし、郷里の吉田町に「村井保固同郷会」を組織すると資産の大半を寄付した。そして保固の遺言で、養母光《みつ》の生家のちかくに「光《ひかり》の園」幼稚園がつくられている。

信仰はともあれ、教育と母への思いなら、亀三郎もまけてはいなかった。いまの自分があるのは、母のおかげである、という謝恩たちがたく、母ケイの死から一年後の大正六年、郷里の吉田町に山下実科女学校（現在の愛媛県立吉田高等学校）を設立し、さらにその三年後、こんどは母の生地の三瓶《みかめ》町に第二山下実科女学校（現在の同県立三瓶高等学校）を開校させた。両校ともに、ケイのような母を育てたいという願いを建学の精神とし、講堂に母の肖像画をかかげ、校母とした。

開校して間もなく、女学生たちの歌集が送られてきた。そのなかの一首を亀三郎は自ら墨書し、表装してかざった。

朝の陽の
　読む書のうえにうす青く
　　桑畑の色の漂えるかも

さらに教育については、もうひとつ、こちらのほうは社内で猛烈な反対にあいながらも断固、決断したことがあった。昭和十五年三月三十日、汪兆銘が南京にやっと国民政府を誕生させたときである。心情からいえば、真之の志をうけつぎ汪兆銘の和平工作を支援する目的にも重なったが、この気持ちは封印して、亀三郎は陸海軍に合計一千万円（今日の貨幣価値で二百億円超）もの献金をすることにし、役員会にはかった。

「そんな金はどこにもない！」と、役員全員はあきれ顔だった。

「一ヵ月で二十一万円、一年で二百五十万円、四年間かけて一千万円を献金する。これでどうだ」と、亀三郎は献金方法を月割にする案をだした。すると、

「仕事をもらうためのゴマすりだ」「軍にはすでに十分協力している」「一千万円あれば、一万トン級の貨物船が十隻つくれる、このほうが国家のためだ」といった反対意見がだされ

た。いずれも、献金目的を事業の発展にむすびつけていた。

「目的はただひとつ、外地におもむく軍人と軍属が安心して外地ですごせるよう、子弟子女の全寮制の教育機関をつくってもらうためだ。運営は陸軍と海軍の大臣にまかせる。いつまでも戦争がつづくわけでもない。つぎの世代を育てることこそ、国につくすということだ。学校ひとつまともに出てない私がいうのだから、よもや一流大学出が多い君たちに異論はあるまい」

と亀三郎は説明し、ダメ押しをした。

申し出をうけ、軍はさっそく財団法人山水《やまみず》育英会（現在の桐朋学園）を設立し、東京と満州に中学校と高等女学校をつくることにした。

汪兆銘が国賓として来日したのは、それからほぼ一年後の昭和十六年六月十六日だった。翌十七日、神戸から特別列車で上京した汪兆銘は、東京駅で盛大な歓迎をうけ、皇室の賓客として霞ケ関離宮にはいる。そして、宮中での午餐の会食や近衛首相主催の晩餐会、参謀総長や軍令部総長の午餐招宴、各大臣との会談、さらに外国記者団との会見などの多忙な日程をさき、山下亀三郎の私邸へ謝恩訪問をしたのは、二十一日の午後七時のことであった。

宴がもよおされ、日本側からは阿部信行元首相など政界の要人と本多熊太郎中華民国大使、三井財閥の池田成彬、それに犬養健、影佐禎昭など二十数名が列席して汪兆銘一行をもてなした。このとき、あいさつのなかで汪兆銘は、ハノイ脱出時に北光丸がはたした役割と、その後の亀三郎の支援について、

「山下先生ノ　私ニタイスル至情深キコト海ノゴトク　心深ク感銘シ深謝コノウエモアリマセン」

と、にこやかな表情で感謝の言葉を述べた。

亀三郎は上海のフランス租界に千五百坪の土地を手に入れ、上海公館をつくった意図を汪兆銘に語った。いまから平和になったあとのことを考えておきたい。田畑へタネを植えつけても、その前に土を耕し肥料を施しておかなければ苗は育たない。今日のような日支関係にあるときこそ、お互いのこころを通わせておくことが、土を耕し肥料をそそぐことになる。上海公館は両国民がお互いにこころを通わせる場所として使ってほしい。

「閣下の国の若い人たちが、上海公館で学べるようにしたい」

「ソレハ喜バシイコトデス　中日ノ友好ニ役立ツデショウ」

汪兆銘は艶のよい頬を朱色に染め、なんどもうなずいた。

それから四ヵ月後の十月三十日、東京の国立に第一山水中学校の校舎が完成し、亀三郎は落成式に招かれている。

しかし、亀三郎が支援していた汪兆銘の南京政府は、しだいに日本の傀儡《かいらい》政権へと堕《だ》してゆく。昭和十八年一月九日、「戦争完遂に付ての協力に関する華日共同宣言」をむすんだ汪兆銘は、米英に宣戦布告を発した。飼い猫のように東條英機首相から首をつかまれた汪兆銘は、重慶政府との和平工作どころではなくなっていたのである。

その東條首相は、この年の三月、海運業界の雄となった山下汽船オーナーの山下亀三郎を内閣顧問に任命していた。亀三郎は顧問会議に出席していたが、具体的な任務をうけたのは十二月だった。

「鉄船は一隻も出せないが、北海道の石炭をなんとか内地へ運べないか。老人に風邪をひかせるようなことがあってはならぬが、北海道へ行ってもらえないか」

と、東條首相じきじきの依頼だった。

昭和十九年一月のはじめ、七十七歳になった亀三郎は、医師、看護婦、関係閣僚、それに陸軍省と海軍省の官僚を随員にして青森と函館を視察し、港湾の浚渫《しゅんせつ》を命じ、桟橋をつけさせ、木造船での石炭輸送を指示した。そして帰京すると静養する間もなく、四月から五月にかけて朝鮮半島の海運輸送の状況を把握するため、朝鮮の港をくまなく巡視してまわった。帰ると、疲労がくっきり表情にでていた。

またいっぽう、九年前の昭和十年十一月、中国国民党の全体会議の記念撮影のときの狙撃事件で、体内にとりのこされたままになっていた弾が原因でとつぜん歩行困難におちいった汪兆銘は、手術をうけるため専用機で三月三日に来日し、名古屋帝大附属病院特別病棟に入院していた。

汪兆銘の手術と療養を管轄していた陸軍省から情報を得た亀三郎は、對潮閣で真之の最期を看取った日々のことがよみがえり、見舞いにゆきたい気持ちにかられたが、体調がゆるさなかった。夏場は暑気をさけ、御殿場の山荘ですごしたあと、秋口から大磯の茅葺《かやぶき》の別荘で静養をつづけ、体力の回復を待った。

政府から関西方面と瀬戸内海の海運の査察の要請があったのは、十月である。亀三郎は名古屋にたちより、汪兆銘を見舞うことにした。陸軍省から極秘にもらった病名は「多発性骨髄腫」で、予断をゆるさない病状とのことだった。顔を見るだけでもよい、と亀三郎は決めた。

特別病棟の周辺は、警護の憲兵と警察官が常駐していて、ものものしい雰囲気だった。亀三郎ひとり、介護主任の看護婦に案内され四階の特別病室へはいった。枕辺にいた大柄でがっしりした体格の女性が、すぐに日本語で礼をのべた。彼女が妻の陳壁君《ちんへきくん》だと知ったのは、見舞いが終わってあとのことである。陳壁君の側にいたつきっきりの医師が、亀三郎に目礼し、ベッドの足もとにいた介護役の華僑の青年は緊張した面持ちで見舞客を見つめた。

汪兆銘は上体をおこすことができず、横になったまま亀三郎をむかえた。顔は浅黒く、両目のまわりは黒ずんでいた。

華僑の青年が小声で通訳をしてくれた。

「ヨク　キテクダサイマシタ」

「どうしても、ひとめお会いしたく、やってきました」

「中国ト日本ハ　対等ナ同志デナケレバナリマセン　中国ハ日本ノ侵略主義ヲ畏レテイルノデス」

「閣下のお言葉を胸に刻んでおります」

「山下先生　長命ヲ祈リマス」

汪兆銘のさしだした熱っぽい手を亀三郎は両手でにぎりかえした。

名古屋を発ち、亀三郎は二週間ほどかけて関西と瀬戸内海の各港を巡察した。最後の港は鞆の浦だった。旅館の座敷から、あかね色に染まる瀬戸内海の夕景をながめ、同行していた太郎にぽつりといった。

「淳さんに憧れて生きてきたが、いまの日本に淳さんのような国士はどこにもおらん。もし探すとすれば、それはこれからの日本をつくる若い人の志のなかじゃ」

査察を終えた亀三郎は、気管支カタルになり、大磯の別荘でふたたび療養をはじめた。汪兆銘が特別病室で客死したのは、十一月十日である。それからひと月後の十二月九日、亀三郎は肺炎をおこして危篤状態となり、汪兆銘のあとをおうように四日後の十三日に長逝した。

享年七十八歳であった。

あとがき

山下亀三郎が生まれ育った山下本家は、いまも明治の昔と変わらない山里のなかにある。大地主だった戦前も、農地改革のあった後も当主は代々、林業とかんきつ類の栽培を生業《なりわい》とし、家族が食べるだけのコメと野菜をつくって暮らしている。

十一代当主の山下源一郎氏は齢《よわい》八十をとっくにすぎておられるが、いまでも夜明けとともに里山にはいり夕刻まで田畑を耕す毎日である。氏は戦前、東京農業大学で学生生活を送っておられ、大叔父に当たる亀三郎の晩年を身近に見てきた方である。二年前の春から私は何度か氏に会い、お話を傾聴した。氏の亀三郎論は率直で、いつもやわらかな土のぬくもりを感じさせるものであった。いま書き終えてみて、山下亀三郎は緑深い喜佐方の辺境の大地が育んだ負けじ魂をよく体現した人物のように思うことしきりである。

日本の近現代史と重なりあう亀三郎の「沈みつ浮きつ」の生涯をつぶさに見つめてみると、船成金や政商などという言葉で一括《ひとくく》りにしてしまう人物でないことは明らかである。事業家としての亀三郎の成功を支えたものは、粋や洒脱といった都会の洗練された文化的美質ではなく、ひとつにはこの緑豊かな国土のなかで脈々と受け継いできた勤勉、質実、克己、礼節、調和といった私たち日本人の伝統的な徳目であり、またもうひとつは、分限をわきまえ、公を重んじる生き方であったように思えてならない。ここにこそ山下亀三郎の真骨頂がある。

戦後の日本は、欲望を最大限に肥大化させる社会的な仕組みのなかで人々は互いに過剰な競争に埋没し、ひたすら物質的な繁栄を手に入れる道を歩んできた。そして昨今、そのような国のかたちはどうやら誤りだ、と多くの人々は気づきはじめていたように思う。

戦後社会が築いてきた文化文明のありようを今一度問いかけようというそのときに、私たちは東日本大震災に直面することになった。復興にむけて、拙著が近代国家をつくりあげた日本人の心意気を思いおこす一助になれば、望外の喜びである。

ところで、山下汽船は戦後の海運界の合従連衡の荒波のなかで、昭和三十九年に山下新日本汽船、さらに平成元年にナビックスラインとなって、社名から山下の名前はなくなった。そして平成十一年、大阪商船三井船舶とナビックスラインは合併して商船三井が誕生し、現在に至っている。

執筆に際して、山下源一郎、亀三郎の令孫の山下眞一郎の両氏にはかずかずの御教示を賜った。衷心より御礼申し上げたい。また、つねづねご助言を忝《かたじけ》なくしている市立宇和島病院名誉院長の近藤俊文先生、愛媛県立吉田高等学校同窓会会長の赤松嘉進氏並びに得難い写真を提供して下さった文芸評論家・㈱潮流社会長八木憲爾氏をはじめ、皆様に心より謝意を表したい。

桜が満開の野福峠から赤松氏とご一緒にながめた法華湾の絶景は、山下本家のしだれ桜とともに、忘れることのない情景として瞼《まぶた》に残っている。

出版については、光人社元主席編集委員の牛嶋義勝氏と編集部の鶴野智子さんにご苦労をおかけしました。

平成二十三年四月

青山淳平

【主要参考文献】

山下亀三郎『沈みつ浮きつ』山下株式会社秘書部 非売品 昭和十八年
八木憲爾『日本海運うら外史』潮流社 一九八六年
浅原文平『日本海運発展史』潮流社 一九七八年
中川敬一郎『日本海運経営史Ⅰ』日本経済新聞社 一九八〇年
白石友治編『金子直吉傳』金子柳田両翁頌徳会 一九五〇年
宮崎滔天『三十三年の夢』平凡社 昭和五十一年復刻版
砂川幸雄『森村市左衛門の無欲の生涯』草思社 一九九八年
田中正之輔『大道』大同海運 一九六四年
保阪正康『孫文の辛亥革命を助けた日本人』ちくま文庫 二〇〇九年
影佐禎昭『曾走路我記』みすず書房「現代史資料」13「日中戦争5」所収 一九六六年
結束博治『醇なる日本人〜孫文革命と山田良政・純三郎』プレジデント社 一九九二年

上坂冬子　『我は苦難の道を行く　汪兆銘の真実』講談社　一九九九年
杉森久英　『人われを漢奸と呼ぶ　汪兆銘伝』文藝春秋　一九九八年
齋藤真一　『明治吉原細見記』河出書房新社　一九八五年
佐野眞一　『誰も書けなかった石原慎太郎』講談社文庫　二〇〇九年
田中宏己　『秋山真之』吉川弘文館　二〇〇四年
柳澤健　『故人今人』世界の文化社　一九四九年
鎌倉啓三　『山下亀三郎〜「沈みつ浮きつ」の生涯』近代文芸社　一九九六年
村井保固愛郷会編　『村井保固傳』昭和十八年
無逸会編　『無逸清家吉次郎傳』昭和十一年
喜佐方公民館編　『喜佐方村史』昭和三十三年
吉田町編　『吉田町史』昭和四十六年

単行本　平成二十三年六月　光人社刊
装　幀　伏見さつき
ＤＴＰ　佐藤敦子

産経NF文庫

海運王山下亀三郎
二〇二二年四月二十一日 第一刷発行
著 者 青山淳平
発行者 皆川豪志
発行・発売 株式会社 潮書房光人新社
〒100-8077 東京都千代田区大手町一-七-二
電話/〇三-六二八一-九八九一(代)
印刷・製本 凸版印刷株式会社
定価はカバーに表示してあります
乱丁・落丁のものはお取りかえ致します。本文は中性紙を使用

ISBN978-4-7698-7046-3 C0195
http://www.kojinsha.co.jp

産経NF文庫の既刊本

頭山満伝　玄洋社がめざした新しい日本　井川　聡

日本が揺れる時、いつも微動だにせず進むべき道を示した最後のサムライ。日本とアジアの真の独立を目指しながら、戦後は存在を全否定、あるいは無視されてきた男の実像。

定価1298円（税込）　ISBN 978-4-7698-7044-9

明治を食いつくした男　大倉喜八郎伝　岡田和裕

渋沢栄一と共に近代日本を築いた実業家の知られざる生涯。帝国ホテル、大成建設、サッポロビール……令和時代に続く三〇余社を起業した巨人の足跡を辿る。大倉財閥創始者の一代記を綴る感動作。

定価913円（税込）　ISBN 978-4-7698-7039-5

産経NF文庫の既刊本

台湾に水の奇跡を呼んだ男 鳥居信平 平野久美子

大正時代、台湾の荒地に立ち、緑の農地に変えることを誓って艱難辛苦の工事をやり通した鳥居信平――彼の偉業は一〇〇年の時を超えて日台をつなぐ絆となった。「実に頭の下がる思いがします」と元台湾総統の李登輝氏も賛辞を贈った日本人水利技術者の半生を描く。

定価891円(税込)　ISBN978-4-7698-7021-0

全体主義と闘った男 河合栄治郎 湯浅 博

自由の気概をもって生き、右にも左にも怯まなかった日本人がいた！河合は戦前、マルクス主義の痛烈な批判者であり、軍部が台頭すると、ファシズムを果敢に批判。河合人脈は戦後、論壇を牛耳る進歩的文化人と対峙する。安倍首相がSNSで紹介、購入した一冊！。

定価946円(税込)　ISBN978-4-7698-7010-4

産経NF文庫の既刊本

台湾を築いた明治の日本人　渡辺利夫

なぜ日本人は台湾に心惹かれるのか。「蓬萊米」を開発した磯永吉、東洋一のダムを築いた八田與一、統治を進めた児玉源太郎、後藤新平……。国家のため、台湾住民のため、己の仕事を貫いたサムライたち。アジアに造詣の深い開発経済学者が放つ明治のリーダーたちの群像劇！

定価902円(税込)　ISBN 978-4-7698-7041-8

「賊軍」列伝　明治を支えた男たち　星 亮一

一夜にして「逆賊」となった幕府方の人々。戊辰戦争と薩長政府の理不尽な仕打ちに辛酸をなめながら、なお志を失わず新国家建設に身命を賭した男たち。盛岡の原敬、水沢の後藤新平、幕臣の渋沢栄一、会津の山川健次郎……。各界で足跡を残した誇り高き敗者たちの生涯。

定価869円(税込)　ISBN 978-4-7698-7043-2

産経NF文庫の既刊本

韓国でも日本人は立派だった
証言と史料が示す朝鮮統治の偉業

喜多由浩

日本は確かに朝鮮を統治した。だが、近代化のために「良いこと」をたくさんやった。他民族の統治において、日本ほどフェアに一生懸命がんばった国はない。事実を知れば、日本のフェア精神、血と汗と投資に誇りを感じます。私たちは先人の仕事に胸を張っていい！

定価902円（税込）　ISBN978-4-7698-7027-2

旧制高校物語
真のエリートのつくり方

喜多由浩

私利私欲なく公に奉仕する心、寮で培った教養と自治の精神……。中曽根康弘元首相、ノーベル物理学賞受賞の小柴昌俊博士、作家の三浦朱門氏など多くの卒業生たちが旧制高校の神髄を語る。その教育や精神を辿ると、現代の日本が直面する課題を解くヒントが見えてくる。

定価902円（税込）　ISBN978-4-7698-7017-3